Marion Lepold • Theresa Lill • Mathias Tuffentsammer

Digitale Beobachtung und Dokumentation in der Kita

Marion Lepold • Theresa Lill • Mathias Tuffentsammer

Digitale Beobachtung und Dokumentation in der Kita

gemeinsam – pädagogisch – reflektiert

HERDER
FREIBURG · BASEL · WIEN

www.herder.de

Umschlaggestaltung: Röser MEDIA GmbH & Co. KG, Karlsruhe
Covermotiv: © Theresa Lill
Fotos im Innenteil Seiten 9: © mauritius images – Cultura, 23: © fotografixx/GettyImages, 31: © Thomas Lepold, 4: © Thomas Lepold, 59 Pixabay, 69: © kali9/GettyImages, 77: © Thomas Lepold, 85: unsplash.com, 103: © MartiSaiz/GettyImages

Satz: Röser MEDIA GmbH & Co. KG
Herstellung: PNB Print Ltd
Printed in Latvia

ISBN Print 978-3-451-39092-0
ISBN EBook (PDF) 978-3-451-82449-4
ISBN EBook (EPUB) 978-3-451-82450-0

Inhalt

Einleitung

In den letzten Jahren haben digitale Medien nach und nach Einzug in die Kindertageseinrichtungen gehalten. Gleichzeitig werden bürokratische Arbeitsprozesse auch auf Trägerebene und im kommunalen Bereich digitalisiert und die Weiterentwicklung der pädagogischen Qualität gewinnt zunehmend an Bedeutung. Inmitten dieser Entwicklungen finden die digitale Beobachtung und Dokumentation in Kindertageseinrichtungen ihren Platz.

Dabei ist die Weiterentwicklung der pädagogischen Dokumentation von analogen hin zu digitalen Ansätzen weit mehr als eine Möglichkeit, Zeit zu sparen. Die Chancen, die sich durch digitale Dokumentation eröffnen, sind bedeutend vielschichtiger.

Pädagogisch gedacht – digital gemacht

Dokumentation bedeutet zunächst Sammeln. Das Sammeln von Beobachtungen, von Eindrücken, von Werken der Kinder, von wichtigen Informationen und vielem mehr. Doch je mehr man sammelt, umso größer ist die Gefahr, dass man etwas nicht mehr findet, nicht zuordnen kann oder die Sammlung für andere nicht mehr nachvollziehbar ist. Die Digitalisierung der Dokumentation schafft Strukturen durch Übersichtlichkeit und die Möglichkeit des Archivierens. Übersichtliche Strukturen machen die Dokumentation schnell einsehbar. Und das ist wiederum hilfreich, da die pädagogische Dokumentation schließlich Basis für die Reflexion und Planung des pädagogischen Handelns ist.

Digitale Medien wirken unterstützend bei der alltagsintegrierten Dokumentation. So können alle relevanten Informationen direkt mithilfe von Tablets etc. festgehalten werden. Die Geräte sind jederzeit griffbereit und man muss nicht erst nach dem passenden Papierbogen, einem Stift, der Kamera suchen.

Dokumentation wird multimedial

Mit der Weiterentwicklung von Hard- und Software entwickeln sich auch die Möglichkeiten multidimensionaler Dokumentation, etwa durch Sprach- und Videoaufzeichnungen. Digitale Dokumentation verändert so auch die Art und Weise, wie wir uns mit Beobachtungen und Erlebnissen auseinandersetzen. Bewegte Bilder und Sprachaufzeichnungen machen die Dokumentation greif- und nachvollziehbar. Dieser Aspekt unterstützt insbesondere die Partizipation der Kinder.

Dokumentation wird multiperspektivisch

Digitale Medien erleichtern es erheblich, die Perspektive der Kinder mit in die pädagogische Dokumentation einzubeziehen. Aber auch den Familien der Kinder eröffnen sich vielseitige

Chancen, an der pädagogischen Dokumentation zu partizipieren. Dadurch erweitern sich im Rahmen der Dokumentation die Perspektiven der Fachkräfte um die der Kinder und deren Familien.

Der Einsatz von digitalen Medien in der pädagogischen Beobachtung und Dokumentation stößt einen nachhaltigen Veränderungsprozess an. Er führt dazu, dass die eigene Dokumentationspraxis reflektiert, Prozesse angepasst und die Konzeption weiterentwickelt werden. Reflektiert eingesetzt, können digitale Medien die Qualität der Entwicklungsdokumentation deutlich und nachhaltig steigern.

Mit diesem Buch will das Autor*innenteam, das sich seit über zehn Jahren mit der Konzeption und Umsetzung digitaler Beobachtung und Dokumentation auseinandersetzet, pädagogische Fachkräfte ermuntern, sich Schritt für Schritt mit der Thematik zu beschäftigen. Die Erfahrung zeigt: Sind die ersten Schritte getan, eröffnen sich Perspektiven zur sinnvollen Integration digitaler Dokumentation, insbesondere über den aktiven Einbezug der Kinder und ihrer Familien.

1.

Grundlagen zur digitalen Beobachtung und Dokumentation

In diesem Kapitel erfahren Sie

- wie Beobachtung, Dokumentation und Reflexion miteinander verbunden sind
- welche Qualitätsanforderungen an die pädagogische Beobachtung und Dokumentation bestehen
- welche unterschiedlichen Funktionen die pädagogische Beobachtung und Dokumentation erfüllen

Beobachtung und Dokumentation sind in Kindertageseinrichtungen von hoher Bedeutung und bilden die Basis für das pädagogische Handeln. Sie machen pädagogische Prozesse transparent. Pädagogische Fachkräfte, Kinder und deren Familien kommen miteinander ins Gespräch, gleichen Perspektiven ab und formulieren gemeinsam neue Ziele. Damit sind Beobachtung und Dokumentation ein elementarer Bestandteil der Qualitätssicherung in Kindertageseinrichtungen. Digitale Medien eröffnen dabei auf allen Ebenen neue Möglichkeiten, die Beobachtungen und deren Dokumentation greifbarer und facettenreicher machen.

1.1 Mit klassischen Dokumentationsformen in die digitale Welt aufbrechen

In der pädagogischen Alltagspraxis sind **Beobachtung, Dokumentation** und **Reflexion** eng miteinander verbunden. **Beobachtung** ist stets ein komplexer, individueller Vorgang. Das, was in der Beobachtung wahrgenommen wird, hängt immer vom subjektiven Blick der beobachtenden Person ab. Beobachtung ist ein bewusster Wahrnehmungsprozess, ein Prozess, bei dem das menschliche Gehirn Reize verarbeitet und einordnet. Da Beobachtungen im pädagogischen Kontext zielgerichtet stattfinden, wird der Blick automatisch gelenkt. Die beobachtende Person entscheidet mehr oder weniger bewusst, welchen Dingen sie Aufmerksamkeit schenkt. Somit liegt auf der Hand, dass sich die Beobachtung selbst nicht vom Menschen trennen und somit nicht digitalisieren lässt.

Die **Dokumentation** wiederum ist eine subjektiv gefilterte Verbildlichung der Beobachtungen. Während der Dokumentation wird entschieden, welcher Eindruck festgehalten werden soll. Dieser Prozess kann durch digitale Medien ergänzt werden. Mit dem Blick auf die verschiedenen Möglichkeiten, wie man Beobachtungen dokumentieren kann, zeigen sich erste multimediale Ansätze: Die Dokumentation via Fotos, Sprach- und Videoaufnahmen bedeutet stets den Einsatz von mindestens einem digitalen Medium.

Auf der Basis der digitalen Dokumentation entsteht in der **Reflexion** wiederum die Möglichkeit, **neue Beobachtungen** zu machen. Selbstverständlich werden auch digitale Dokumentationen bereits zielgerichtet und aus einer bestimmten Perspektive erstellt. Jedoch sind diese – im Gegensatz zu Notizen zu einer Situation – nicht subjektiv vorgefiltert und dadurch eventuell verzerrt. Wenn man ein Video oder Foto genau ansieht oder bei einer Sprachaufnahme aufmerksam hinhört, kann man nochmals neue Dinge entdecken.

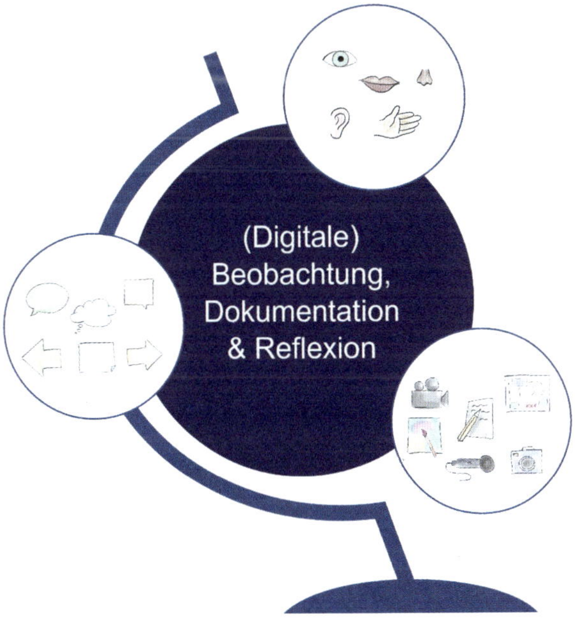

Es liegt nahe, den Aufbruch in die digitale Welt mit bereits bekannten Dokumentationsformen zu beginnen. Überlegen Sie, wie Sie bisher dokumentiert haben und wie eine der im Folgenden dargestellten Dokumentationsformen Ihre bisherige Arbeitsweise sinnvoll ergänzen könnte. Denn bei digitaler Dokumentation geht es nicht unbedingt darum, sich von allen etablierten Prozessen und Verfahren zu lösen und fortan ausschließlich digital zu arbeiten. Vielmehr geht es um die Chance, bisherige Vorgehen zu hinterfragen und zu optimieren.

1.2 Qualitätsanforderungen an Beobachtung und Dokumentation

Die Beobachtung und Dokumentation von Bildungs- und Entwicklungsprozessen von Kindern und des Kita-Alltags sind fester Bestandteil der pädagogischen Arbeit in Kindertageseinrichtungen. Sie dienen dazu, die Ressourcen der Kinder zu entdecken, ihre individuellen Entwicklungsverläufe zu erkennen und die individuellen Bildungsprozesse zu verstehen.

Hierbei spielt neben dem Ergebnis der Beobachtung vor allem der Prozess der Dokumentation eine wesentliche Rolle, denn Beobachtungen sollten mehr als eine Bestandsaufnahme sein. So verstanden sind Be(ob)achtung und Dokumentation auch Wertschätzung und Beachtung der Kinder: „Im Wort Beobachtung stecken die Wörter achten, beachten und ob. Nimmt man sie ernst, so sind darin Zuwendung (achten), Konzentration (beachten) und Fragen (ob?) enthalten“ (Kazemi-Veisari 2015, S. 20).

Basierend auf der pädagogischen Dokumentation erfolgt die pädagogische Handlungsplanung durch die pädagogischen Fachkräfte. Ebenso stellt eine Dokumentation die Basis für Gespräche der Bildungspartner (pädagogische Fachkräfte, Kinder und Eltern) dar (vgl. Lepold & Lill 2017).

Der gemeinsame Rahmen der Länder für die frühe Bildung in Kindertageseinrichtungen (vgl. JMK & KMK 2004, S. 5) hält fest, dass die Kinder daraufhin beobachtet werden sollen, was ihre Stärken und Schwächen in dem jeweiligen Bildungsbereich sind, wie sie Anregungen aufnehmen und sich damit beschäftigen. Dazu haben sich die Länder auf eine systematische Beobachtung und Dokumentation der kindlichen Entwicklungsprozesse verständigt. Eine so gelebte Dokumentation erfüllt das Recht der Kinder auf individuelle Förderung und Begleitung.

§ 1 SGB VIII

(1) Jeder junge Mensch hat das Recht auf Förderung seiner Entwicklung und auf Erziehung zu einer eigenverantwortlichen und gemeinschaftsfähigen Persönlichkeit.
(2) Jugendhilfe soll zur Verwirklichung des Rechts nach Absatz 1 insbesondere junge Menschen in ihrer individuellen und sozialen Entwicklung fördern und dazu beitragen, Benachteiligungen zu vermeiden oder abzubauen [...]

§ 22 Abs. 3 Satz 3 SGB VIII

Die Förderung soll sich am Alter und Entwicklungsstand, den sprachlichen und sonstigen Fähigkeiten, der Lebenssituation sowie den Interessen und Bedürfnissen der einzelnen Kinder orientieren.

Für die pädagogische Praxis ergeben sich aus diesen gesetzlichen Grundlagen verschiedene Anforderungen:

- Beobachtungen und Dokumentationen werden für jedes Kind und nach einem einheitlichen Grundschema durchgeführt.
- Sie erfolgen gezielt und regelmäßig, das heißt, nicht nur anlassbezogen.

- Die eingesetzten Dokumentationsarten haben einen Bezug zur Einrichtungskonzeption und zu den im jeweiligen Bildungs- und Erziehungsplan aufgeführten Kompetenz- und Bildungsbereichen.
- Die Dokumentation orientiert sich primär an den Kompetenzen und Interessen des Kindes.
- Sie ist grundsätzlich auf Teilhabe angelegt, bezieht also die Perspektiven von Kindern und Eltern sowohl im Beobachtungsprozess als auch in den sich daraus ergebenden Planungs- und Handlungsschritten ein.

Grundlage für die Dokumentation ist die Beobachtung. „Doch was genau heißt eigentlich beobachten? Ganz allgemein bezeichnet Beobachtung das bewusste Wahrnehmen von Geschehnissen, von sozialen bzw. interaktiven Prozessen und Situationen mit allen Sinnen. Sie ist getrieben von Interesse und Neugierde. Eine Beobachtung hat ein Ziel, eine Absicht.

Beobachten ist ein komplexer Vorgang, der die volle Aufmerksamkeit erfordert. Es bedeutet, zuzusehen und zuzuhören und auch auf Dinge zu achten, die unausgesprochen bleiben. Möglichst jedes Zeichen, jeder Impuls soll aufgenommen werden, damit nicht nur das Offensichtliche in den Vordergrund tritt. Vor allem, wenn das Gegenüber (noch) nicht spricht, können Blicke und Gesten viel aussagen. Ziel ist, durch die Beobachtung dem Verstehen des Gegenübers möglichst nahezukommen. Die Perspektive, das Verhalten und Erleben soll besser verstanden werden.

Gezielte Beobachtungen zeigen die individuellen Stärken des Kindes auf. Auch unbemerkte Ressourcen werden entdeckt und Motive des Handelns nachvollziehbar. Somit trägt die Beobachtung zu einem erweiterten Verständnis bezüglich individueller Bildungsprozesse und des Entwicklungsverlaufs bei.

Letztendlich ist Beobachtung, wie es das Wort bereits sagt, die Achtung eines Menschen. Die Kinder erleben eine wertschätzende Beachtung. Eine Beobachtung ist die individuelle Anerkennung eines Kindes und dessen Ressourcen. Sie ist offen für alles, was das Kind anbietet, und hilft, Vorurteile abzubauen" (Lill 2019b, S. 121).

In der Praxis finden sich verschiedene **Verfahren für die Dokumentation.** Die standardisierten Formen von Dokumentation legen den Fokus auf einen oder mehrere Bereiche der kindlichen Entwicklung (z.B. KOMPIK, seldak, BaSiK, perik) oder erfassen, inwiefern ein Entwicklungsrisiko bei einem Kind vorhanden ist (z.B. Grenzsteine der Entwicklung). Daneben finden qualitative, prozessorientierte Verfahren in Kitas Anwendung. Im Fokus dieser Verfahren stehen die Aktivitäten und Bildungsprozesse der Kinder (vgl. Viernickel & Völkl 2017, S. 37; Knauf, H. 2017; Viernickel 2009, S. 35ff.).

Was zeichnet eine qualitative pädagogische Dokumentation aus?

Auch wenn jedes einzelne Verfahren seine eigenen Qualitätsanforderungen mit sich bringt, lassen sich übergreifende Prinzipien formulieren (vgl. Knauf, H. 2017).

Zu den **Qualitätsanforderungen für die pädagogische Dokumentation** zählen:
- Systematik
- Regelmäßigkeit
- Stärkenorientierung
- Bildungsorientierung
- Kontextbezug
- Partizipation

Systematik: Die pädagogische Beobachtung und Dokumentation einer Einrichtung sollten einem bestimmten Konzept folgen. Eine bewusste Kombination mehrerer Werkzeuge kann dabei unter Umständen gewinnbringend sein, wenn sich diese sinnvoll ergänzen. Durch die Systematik soll sichergestellt werden, dass sowohl die Beobachtungen aller Kinder als auch alle Entwicklungs- und Spielbereiche in die Dokumentation einfließen. Das Konzept der pädagogischen Beobachtung und Dokumentation ist auch Bestandteil der Einrichtungskonzeption und so für das Team wie auch für die Familien transparent (siehe dazu Kapitel 8).

Regelmäßigkeit: Die Beobachtung und Dokumentation der kindlichen Entwicklung erfolgen kontinuierlich und nicht nur anlassbezogen (z.B. anstehendes Elterngespräch) oder ereignisbedingt (z.B. Projekttag). Dadurch wird die Dokumentation Bestandteil des Alltages und kann Ausgangspunkt für die pädagogische Handlungsplanung und den dialogischen Austausch zwischen den pädagogischen Fachkräften, mit den Kindern sowie deren Familien sein. Außerdem können durch die Regelmäßigkeit subjektive Wahrnehmungsfilter vermieden werden und ein umfassenderes Bild des einzelnen Kindes sowie der Gruppe entstehen.

Stärkenorientierung: Im Mittelpunkt der Beobachtung und Dokumentation stehen die Stärken und Fähigkeiten der Kinder. Die Stärkenorientierung kann auch die Grundlage für die Schaffung einer anregenden Lernumgebung innerhalb der Kita sein.

Bildungsorientierung: Dieser Aspekt kommt besonders bei den prozessorientierten Verfahren zum Tragen. Pädagogische Dokumentation bedeutet immer auch Auswahl von Situationen und Werken der Kinder, denn nicht alles kann in die Dokumentation einfließen. Vielmehr geht es darum, die Elemente herauszufiltern, bei denen Bildungsaspekte im Vordergrund stehen. Die Bildungsaspekte können gestärkt werden, indem die Wahrnehmungen und Weltdeutungen der Kinder sichtbar gemacht werden.

Kontextbezug: Die Aktivitäten der Kinder können nicht losgelöst von ihren Kontexten betrachtet werden, denn „Bildung ist immer eingebunden in einen größeren Kontext aus sozialen Beziehungen und sachlichen Zusammenhängen. Deshalb ist es ein wichtiges Anliegen von Bildungsdokumentation, Produkte und Aktivitäten des Kindes in einen Zusammenhang zu stellen" (Knauf, H. 2017, S. 143).

Partizipation: Kinder sollen an ihrer Dokumentation teilhaben können. Dabei bezieht sich die Partizipation sowohl auf den Zugang der Kinder zu ihrer Dokumentation als auch auf die aktive Beteiligung der Kinder an der Dokumentation, um ihren eigenen Blickwinkel einbringen zu können (siehe dazu Kapitel 5).

Funktionen der pädagogischen Dokumentation

Die Dokumentationspraxis in Kindertageseinrichtungen ist vielfältig. Beim Dokumentieren geht es darum, eine Beobachtung, ein Ereignis möglichst gut nachvollziehbar darzustellen. Man muss sich also vorab überlegen, was man wie und zu welchem Zweck festhalten möchte, bevor man die Methode und die Mittel bestimmt.

Welche Funktionen bei der jeweiligen Dokumentationsform im Mittelpunkt stehen, hängt von der konkreten Umsetzung, den beteiligten Akteuren und der jeweils zugrunde gelegten Konzeption bzw. dem pädagogischen Ansatz ab. Insgesamt lassen sich sieben verschiedene Funktionen von Dokumentation differenzieren (Knauf, H. 2019, S. 25):

Kommunikationsfunktion	▸ Dokumentation als Kommunikationsanlass mit und zwischen den Akteuren ▸ Dialog und Zuhören als notwendige Kommunikationsmittel
Erkenntnisfunktion	▸ Nachvollziehen und Verstehen der Perspektiven der Kinder ▸ Dokumentation als Spiegel der Deutungen Erwachsener
Partizipationsfunktion	▸ Kinder werden als Adressaten respektiert ▸ Kinder beteiligen sich aktiv an der Dokumentation
Erinnerungsfunktion	▸ Dokumentation bewahrt vor Vergessen und ermöglicht Erinnern ▸ Inspirationsquelle für neue Aktivitäten
Repräsentationsfunktion	▸ Dokumentation gibt Einblicke in die Arbeit der Einrichtung ▸ Eindruck vom Verhalten des Kindes
Diagnostikfunktion	▸ Erkennen von Stärken und Schwächen des Kindes ▸ Ableitung von Förderangeboten
Kohärenzfunktion	▸ Bereitstellung von Informationen für Schule und andere Institutionen ▸ Erleichterung des Übergangs zwischen Kindertageseinrichtung und Schule

Die Funktionen von Dokumentation stellen eine wertvolle Unterstützung dar, bisherige in der Kita etablierte Dokumentationsformen (siehe Kapitel 1.3) zu hinterfragen und mithilfe von digitalen Medien zu optimieren:

Kommunikationsfunktion: Welche digitalen Medien helfen, die Kommunikation zu erleichtern?

Erkenntnisfunktion: Welche medialen Ansätze können die Perspektive der Kinder noch besser einfangen?

Partizipationsfunktion: Wie können Kinder durch digitale Medien einfacher/verstärkt an der Dokumentation beteiligt werden?

Erinnerungsfunktion: Durch welche digitalen Dokumentationsformen können Erinnerungen noch besser festgehalten werden?

Repräsentationsfunktion: Welche digitalen Medien bieten die Möglichkeit, die Dokumentation nachvollziehbarer (auch für an der konkreten Situation Unbeteiligte) zu gestalten?

Diagnostikfunktion: Wie können digitale Dokumentationsformen diagnostische Beobachtungsformen unterstützen?

Kohärenzfunktion: Wie kann digitale Dokumentation eine Brücke zwischen verschiedenen Institutionen schlagen?

1.3 Was wird dokumentiert?

Pädagogische Dokumentation zielt darauf ab, die Entwicklung, Interessen und das Leben des Kindes in der Kita zu begleiten. Sie greift verschiedenste Prozesse im Kita-Alltag auf.

1.3.1 Entwicklungsdokumentation

So dient die pädagogische Dokumentation auch dazu, Entwicklungsprozesse eines Kindes festzuhalten und darzustellen. In diesem Fall sprechen wir von Entwicklungsdokumentation.

Es gibt eine große Bandbreite von Verfahren zur Entwicklungsdokumentation. Die Wahl eines Verfahrens hängt stets von möglichen Vorgaben oder Richtlinien des Trägers sowie dem Ziel der Beobachtung und deren Dokumentation ab. Folgende Ansätze von Beobachtungsverfahren lassen sich unterscheiden (Lill 2019b, S. 123f.):

strukturiert vs. unstrukturiert	
Fest vorgegebenes Beobachtungsschema und Vorgehen während der Beobachtung	Leitlinien bzw. -fragen sind vorgegeben; abgesehen von einem groben Rahmen ist das Vorgehen offen
systematisch vs. unsystematisch	
Gezielte Beobachtung; erfolgt nach einem festen Schema und nach klaren Kriterien, um eine Vergleichbarkeit herzustellen	Beobachtungen finden ohne eine gezielte Absicht oder Leitfrage statt; es werden Dinge beobachtet, die zufällig in den Blick geraten
teilnehmend vs. nichtteilnehmend	
Aktiv: Der Beobachter befindet sich im Geschehen und greift ggf. auch in dieses ein Passiv: Der Beobachter ist in der Situation anwesend, greift aber nicht in das Geschehen ein	Indirekte Beobachtung, z.B. mittels Videoaufzeichnungen; der Beobachter ist während des Geschehens nicht anwesend
offen vs. verdeckt	
Die Personen, die beobachtet werden, werden darüber aufgeklärt; der Beobachter gibt sich als solcher zu erkennen	Die Personen, die beobachtet werden, sind sich dessen nicht bewusst; der Beobachter gibt sich nicht zu erkennen
Feldbeobachtung vs. Laborbeobachtung	
Beobachtungen erfolgen in natürlichen, alltäglichen Situationen	Beobachtungen erfolgen in konstruierten Situationen; die beobachteten Personen müssen z.B. bestimmte Aufgaben erledigen
Kurzzeit- vs. Langzeitbeobachtung	
Kurze Sequenzen (ca. 10 Minuten)	Erkenntnisgewinn durch lange Beobachtungssequenzen
Einzel- vs. Gruppenbeobachtung	
Fokus auf der Individualität der beobachteten Person	Fokus auf der sozialen Interaktion, Gruppendynamik

Jede Beobachtung hat ein Ziel, eine Absicht, eine Funktion. Bei der Entwicklungsdokumentation stehen die Erinnerungs-, Diagnostik- sowie Erkenntnisfunktion im Vordergrund. Es geht um ein Erkenntnisinteresse, das sich insbesondere auf die individuellen Interessen eines Kindes, seine Entwicklungsschritte und mögliche Förderbedarfe richtet. Um diesen Erkenntnisgewinn zu erzielen, werden die Beobachtungen ausgewertet. Die Art der Auswertung hängt von der Systematik des jeweiligen Beobachtungsverfahrens ab. Grob lassen sich dabei zwei wesentliche Kategorien der Auswertung unterscheiden:

Qualitative Auswertung	Quantitative Auswertung
▸ Freie bzw. offene Auswertung ▸ Individuelle Entwicklung des beobachteten Kindes im Fokus ▸ Blick auf individuelle Ressourcen ▸ Ableitung eines differenzierten pädagogischen Angebots aufgrund individueller Ressourcen eines Kindes ▸ Erkenntnisse zum sozialen Miteinander	▸ Systematische, teils diagnostische Auswertung ▸ Beobachtung und Einstufung des Kindes anhand eines vorgegebenen Schemas ▸ Vergleich mit Normgruppen ermöglicht frühzeitig, einen möglichen Förderbedarf zu erkennen ▸ Ableitung eines differenzierten pädagogischen Angebots ▸ Impulse zur Gestaltung positiver Interaktionsprozesse

Bei einigen Verfahren werden quantitative und qualitative Auswertung kombiniert. So dienen die Einschätzungen einerseits dem Blick auf mögliche Förder- oder Forderbedarfe. Andererseits lassen sich die einzelnen Beobachtungen zugleich qualitativ auswerten. Bei der qualitativen Auswertung treten wiederum die Kommunikations- und Partizipationsfunktion der Dokumentation in den Vordergrund. Ein dialogischer Abgleich der Perspektiven von pädagogischer Fachkraft, Eltern und Kind stellt hier die Basis dar.

Ebenso bedeutet die Auswahl eines Verfahrens nicht, dass man die Kinder ausschließlich damit beobachtet. In den meisten Fällen bietet sich eine Kombination verschiedener Verfahren an, um die Entwicklung der Kinder aus vielfältigen Perspektiven zu begleiten. Die Vielfalt der Verfahren ist eine Chance für die pädagogische Praxis.

1.3.2 Projektdokumentation

Neben der Entwicklungsdokumentation gibt es das Feld der Projektdokumentation. Hierbei steht im Vordergrund, Einblick in die einzelnen Projektschritte zu gewinnen, die Gedanken und Ideen der Kinder sowie die Ergebnisse eines Projektes festzuhalten.

Die Dokumentation bei Projekten beginnt bereits bei der Themenfindung und Planung. Die Kinder bringen verschiedene Interessen und Ideen ein, die festgehalten werden, damit auf dieser Grundlage eine gemeinsame Entscheidung stattfinden kann. Hier ist es wichtig, dass die verschiedenen Aspekte auch für die Kinder nachvollziehbar sind. Insbesondere eine visuell gestützte Art der Dokumentation bietet sich deshalb an. Gemeinsam wird überlegt: Wie stellen wir eine Idee am besten dar (= Partizipationsfunktion)?

Nach der Projektfindung und -klärung folgt die Planungs- und Durchführungsphase. Klassischerweise werden hier auch immer wieder Zwischenergebnisse dokumentiert, Ziele festgehalten und reflektiert. Es werden folgende Fragen geklärt:

- Was haben wir vor?
- Was haben wir schon herausgefunden?
- Was haben wir bereits geschafft?
- Was wollen wir noch erleben?
- Was wollen wir darüber hinaus erfahren?

Neben der Partizipationsfunktion stehen in der Projektdokumentation vor allem die Kommunikations- sowie Erkenntnisfunktion der Dokumentation im Vordergrund. Ein Projekt ist stets eine gemeinsame Aktivität einer Gruppe. Die Verständigung innerhalb des Projektes ist elementar. Projekte leben davon, dass die Beteiligten neue Dinge erfahren, experimentieren und das eigene Wissen erweitern. Die Erkenntnisse innerhalb eines Projektes werden festgehalten – in einer Form, die für alle Beteiligten nachvollziehbar ist. So steht bei der Dokumentation vor allem der Prozess, das heißt die Fragen, Hypothesen und Theorien, Aussagen und Antworten der Kinder, im Blickpunkt. Also die Art und Weise, wie sich Kinder die Welt erklären.

Selbstverständlich werden auch weitere Funktionen von Dokumentation bei der Projektdokumentation angesprochen. So haben Projekte zum Beispiel häufig auch einen repräsentativen Charakter, zielen auf Außenwirkung ab und werden den Familien und / oder der Öffentlichkeit vorgestellt.

> Die Dokumentation eines Projektes ist elementar für dessen Gelingen. Die Projektdokumentation sorgt dafür, dass alle Beteiligte den gleichen Stand haben. Sie ist die Planungsgrundlage für sämtliche Prozesse, Basis der gemeinschaftlichen Reflexion und Zeugnis der Erkenntnisse innerhalb eines Projektes.

1.3.3 Alltagsdokumentation

Ein drittes Feld der Dokumentation in Kindertagesstätten ist die Alltagsdokumentation, also die Dokumentation des Kita-Lebens. Darunter fallen unter anderem die Dokumentation von Ausflügen, das Festhalten von gewöhnlichen Situationen, etwa dem Freispiel oder während der Essenszeiten. Durch den repräsentativen Charakter (= Repräsentationsfunktion) erhalten auch Personen, die in verschiedenen Situationen oder allgemein im pädagogischen Alltag nicht unmittelbar beteiligt sind, Einblick in das Tagesgeschehen. Dadurch wird das Vertrauen aufseiten der Familien gestärkt. Sie erhalten einen Einblick in das, was ihr Kind tagtäglich erlebt, und können durch die Dokumentation ein Stück weit am Kita-Alltag teilhaben.

Familien können auf dieser Grundlage mit ihren Kindern ins Gespräch kommen. Stellen Sie sich ein Foto von einer kleinen internen Kita-Feier vor. Das Kind hat auf dieser Aufnahme einen Luftballon in der Hand. Nun können die Eltern auf dieses Bild Bezug nehmen, indem Sie zum Beispiel fragen: „Welche Farbe hatte denn dein Luftballon?" Solch eine einfache Frage kann einen Gesprächseinstieg darstellen, das Kind kann von seinen Eindrücken vom Fest erzählen. Die Frage „Warum hattet ihr denn heute Luftballons?" kann das Kind dazu bringen zu erzählen, dass auf diese Weise der Abschied eines anderen Kindes gefeiert wurde. Das Foto mit dem Luftballon kann ebenso zu komplexeren, offenen Fragen führen: „Wohin, meinst du, wäre der Luftballon geflogen, wenn du ihn losgelassen hättest?" Solche Fragen regen das Denken des Kindes an, und es ist für die Erwachsenen spannend, einen Einblick in seine Vorstellungen zu erhalten (vgl. Kammermeyer et al. 2017).

Somit bietet die Alltagsdokumentation einen Anlass zur Kommunikation (= Kommunikationsfunktion). Sei es zwischen Eltern und Kind, Kind und Fachkraft oder auch zwischen Fachkraft und Familien. Die Dokumentation des pädagogischen Alltags unter Einbezug der Perspektiven der Kinder (= Partizipationsfunktion) bietet für pädagogische Fachkräfte die Chance, einen neuen Blick auf den Kita-Alltag zu werfen. Es geht darum, neue Perspektiven zu gewinnen und plötzlich auf Dinge zu stoßen, die außerhalb des eigenen Blickfelds lagen. So hilft zum Beispiel die Perspektive der Kinder dabei, die Alltagsstrukturen einem Qualitätscheck zu unterziehen (= Erkenntnisfunktion). Aus der Beobachtung und Dokumentation alltäglicher Situationen können Impulse für neue oder veränderte Aktivitäten entstehen, vor allem dann, wenn die Perspektiven der Kinder berücksichtigt werden.

Aus den Perspektiven der Kinder lassen sich **Fragen zu sieben Qualitätsbereichen** ableiten, die im Rahmen der Alltagsdokumentation zum Reflektieren im Team, mit Familien und Kindern einladen (vgl. Nentwig-Gesemann et al. 2019):

1. **Mitgestaltung und Mitbestimmung:** Kinder wünschen sich die Kita als einen Ort, den sie mitgestalten, mitbestimmen und wo sich beschweren können. Sind Werke der Kinder sichtbar? Wie werden die Ideen, Entscheidungen oder Beschwerden der Kinder sichtbar gemacht?
2. **Selbsterkundung und Identitätsentwicklung:** Kinder wollen sich als individuelle Menschen entfalten und (Be-)Achtung für sich und ihr Können erfahren. Wie werden Kinder darin bestärkt? Wo finden sie ihre Individualität widergespiegelt? Welche Möglichkeiten haben die Kinder, ihrer Individualität Ausdruck zu verleihen?
3. **Beziehungsgestaltung und Gemeinschaftserleben:** Kinder wollen sich in der Gemeinschaft und den Beziehungen zu den Fachkräften sicher, wertgeschätzt und in ihren Rechten respektiert fühlen. Wie machen Sie für die Kinder sichtbar, dass sie eigene Rechte haben, die respektiert werden?
4. **Peerkultur und Freundschaft:** Kinder wollen an geschützten Orten ungestört mit ihren Freundinnen und Freunden spielen und nicht geärgert werden. Ist Platz für ihre Fantasiewelten und eine gemeinsame Spielkultur? An welche „geheimen" Orte können sich die Kinder zurückziehen?

5. **Erfahrungsräume außerhalb der Kita:** Kinder wünschen sich die Kita als einen Ort, der mit dem umgebenden Sozialraum verbunden ist und an dem ihre Familien willkommen sind. Kennen sich Kinder im Sozialraum der Kita aus? Werden Kinder als Mitglied einer Familie und anderer sozialer Gemeinschaften wahrgenommen?
6. **Welt- und Lebenserkundung:** Kinder wollen in Bewegung sein, die Welt mit allen Sinnen erleben und sich mit existenziellen Themen beschäftigen. Gib es dafür vielfältige Orte und anregendes Spielzeug? Können sich Kinder mit existentiellen Themen beschäftigen? Inwieweit erleben sich Kinder als Teil der Natur und können sie mit allen Sinnen erfahren und erkunden?
7. **Non-Konformität und Spielen mit Normalität:** Kinder wollen Regeln und Grenzen infrage stellen, von humorvollen Menschen umgeben sein und Ausnahmen von der Regel erleben. Sind die Kinder von positiven Menschen umgeben und können sie Späße machen? Beschäftigen sich die Kinder mit Normen und Regeln und können auch Grenzen überschreiten?

1.4 Wie wird dokumentiert?

So vielfältig wie die Beobachtungs- und Dokumentationsanlässe in der pädagogischen Praxis sind auch die Formen, wie die Situationen festgehalten werden können. Die Wahl der Dokumentationsform hängt ebenso wie die Wahl des Verfahrens von Ziel und Zweck der Dokumentation ab.

	Schriftlich
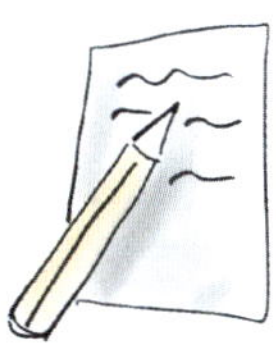	**Eine Situation in Stichpunkten oder Fließtextform festhalten** ▸ Freie Notizen ▸ Portfolio, Bildungs- & Lerngeschichten ▸ Beobachtungen in systematischen Verfahren Schriftliche Dokumentation dient als Erinnerungsstütze. Ebenso ermöglicht sie, eine Person direkt zu adressieren (z.B. „Briefe ans Kind").

	Werke des Kindes
	**Interessen und Themen der Kinder festhalten** ▸ Bilder, Bastelarbeiten ▸ (Selbst-)Porträts ▸ Abbild der Themen, mit denen sich Kinder beschäftigen ▸ Projektdokumentation Dokumentation mittels Werken der Kinder ermöglicht ein Abbild ihrer Themen und Perspektiven.

	Zeichnungen
	**Situationen durch Skizzen des Beobachters rekonstruieren** ▸ Soziogramme ▸ Beschäftigungen im Raum / Raumkonstellationen Zeichnungen dienen als visuelle Erinnerungsstütze. Sie helfen, in der (gemeinsamen) Reflexion einen Eindruck von einer Situation zu gewinnen.

	Fotos
	**Impressionen einer Situation** ▸ Portfolios ▸ Projektdokumentation ▸ Sprechende Wände ▸ Fotos zeigen Interessen, Schlüsselmomente Fotos unterstützen dabei, eine Dokumentation greifbar zu machen. Die visuellen Eindrücke helfen beim Erinnern und ermöglichen das Hineinversetzen in eine Situation.

	Videos
	**Festhalten von bewegten Bildern** ▸ Motorische Entwicklung ▸ Interaktionsanalyse ▸ Sozial-emotionale Entwicklung ▸ Reportagen Videos ermöglichen dem Beobachter und beteiligten Personen ebenso wie Außenstehenden, eine Situation wiederholt zu betrachten und damit auch Dinge zu bemerken, die in der Situation selbst untergehen.

	Sprachaufzeichnungen
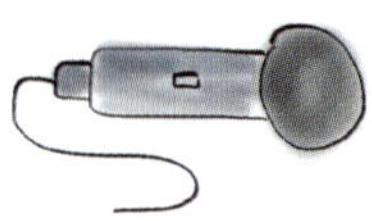	**Dokumentation des gesprochenen Wortes** ▸ Sprachentwicklung ▸ Leseentwicklung ▸ Mehrsprachigkeit ▸ Interviews Sprachaufzeichnungen ermöglichen, die Sprachentwicklung eines Kindes hörbar nachzuvollziehen. Zudem können Kinder eigenständig aus erster Hand die Dokumentation nachvollziehen (ohne auf eine Person angewiesen zu sein, die ihnen Texte vorliest).

2.

Mit Medien dokumentieren

In diesem Kapitel erfahren Sie

- wie Sie Fotos als eigenständige Dokumentationsform nutzen können
- welche Formen der Foto-, Audio- und Videodokumentation möglich sind
- wie digitale Aufzeichnungen einen erweiterten Blick auf die Entwicklung der Kinder ermöglichen

Es gibt viele verschiedene Varianten, wie in der Kita dokumentiert werden kann. Die freie Dokumentation ist eine davon. Hier werden ohne vordefinierten Fokus unterschiedliche Beobachtungen und Eindrücke der Erwachsenen sowie Werke des Kindes gesammelt. So können frei formulierte Schilderungen oder Aufzeichnungen in Notizform in die freie Dokumentation einfließen. Digitale Medien erweitern die freie Dokumentation um einen multimedialen Ansatz, indem nicht nur Text, sondern auch Fotos sowie Audio- und Videoaufnahmen miteinbezogen werden.

2.1 Fotos als pädagogische Dokumentation

Fotos aufzunehmen ist für die meisten Einrichtungen nichts Neues. Aufnahmen von Ausflügen oder Aktivitäten gehören zum pädagogischen Alltag. Doch Fotos können mehr, als „nur" Andenken für Kinder und deren Familien zu sein. Fotos haben eine wichtige Bedeutung für die pädagogische Dokumentation. Der Spruch „Ein Bild sagt mehr als tausend Worte" passt hier sehr gut. Fotos können Mimik, Gestik und Dynamiken festhalten, die eine rein schriftliche Dokumentation kaum vermitteln kann. Für den Austausch im Team, mit den Familien und mit den Kindern entstehen auf diese Weise zusätzliche Gesprächsanlässe. Fotos können als Dokumentation sowohl für die ganze Gruppe als auch für das einzelne Kind zum Einsatz kommen.

Fotos als Ausgangsbasis für weitere Dokumentationsverfahren

Die Dokumentation in der Kita setzt sich in der Regel aus verschiedenen Dokumentationsformen zusammen. Fotos sind eine ideale Ausgangsbasis für viele weitere Verfahren. Sie können, ebenso wie das Portfolio, als Beleg für die Angaben in standardisierten Beobachtungsbögen genutzt werden. Auf diese Weise wird die Einschätzung für andere Beteiligte, zum Beispiel die Eltern oder weitere Mitglieder des Teams, leichter nachvollziehbar. Hier geht es nicht darum, jedes einzelne Item zu belegen, sondern an besonders hervorstechenden Angaben darzustellen, woher diese Einschätzung rührt.

Der Einsatz von Fotos für die Portfolio-Dokumentation versteht sich von selbst (siehe auch Kapitel 3.1). Die Fotos inklusive der Beschreibungen oder erläuternden Stichpunkte ergeben mit wenig Aufwand einen aussagekräftigen Portfolioeintrag. Wägen Sie dabei jedoch ab, ob der Portfolioeintrag gegebenenfalls nur eine Doppelung ist oder eine echte Erweiterung der bestehenden Foto-Dokumentation darstellt, die die Entwicklung des Kindes verdeutlichen und/oder bestimmte Aspekte genauer aufzeigen kann.

Fotos können auch Ausgangsbasis für die (digitale) Wanddokumentation (siehe Kapitel 4.1) oder ein (digitales) Buch bzw. Tagebuch (siehe Kapitel 4.2) sein.

Blickwinkel der Kinder

Über die Fotos kann die Partizipation der Kinder an der Dokumentation gut gelingen. Beginnend in der Krippe werden die Kinder in die Auswahl der Bilder einbezogen. Fällt es den Kindern noch schwer, ihre Wahl zu kommunizieren, können Sie darauf achten, an welcher Aufnahme ihr Blick am längsten haften bleibt. Entscheiden Sie gemeinsam mit dem Kind, welche Fotos in die Dokumentation integriert werden sollen.

Situationen, wie die Auswahl von Fotos, sind ein idealer Gesprächsanlass. Gehen Sie in den Dialog mit dem Kind, warum es ein bestimmtes Foto besonders gut findet oder ein anderes gar nicht leiden kann. Tauschen Sie sich mit dem Kind über Ideen und Gedanken zu den Aufnahmen aus. So erfahren Sie mehr über die Perspektive des Kindes und erhalten ein umfassenderes Bild vom Kind.

Den direkten Blickwinkel der Kinder erfahren Sie, wenn diese die Möglichkeit haben, selbstständig Fotos in die Dokumentation aufzunehmen. Ein Tablet zum Beispiel ist so einfach zu bedienen, dass auch jüngere Kinder bereits eigenständig damit umgehen können. Besprechen Sie vorher mit den Kindern, welche Regeln für das Fotografieren gelten (siehe dazu Kapitel 8.3). Damit die Fotos Teil der Dokumentation werden können, ist es auch hier wesentlich, mit den Kindern in den Dialog zu kommen und zu erfragen, warum sie etwas fotografiert haben. So können Sie in der Dokumentation den Kontextbezug herstellen. Weitere Anregungen zu den Partizipationsmöglichkeiten erhalten Sie in Kapitel 5.

Fotos als eigenständige Dokumentation

Fotos können nicht nur die Ausgangsbasis für viele andere Dokumentationsformen sein, sondern auch zu einer eigenständigen Dokumentationsform entwickelt werden. Ein einzelnes Foto ist natürlich noch keine Dokumentation, erst durch die Ergänzung eines Kommentars oder einer Beschreibung wird es dazu. Werden Fotos als Bestandteil der Dokumentation gesehen, darf es keine lose Bildersammlung werden. Für die Dokumentation mit Fotos ist es wesentlich, dass die Aufnahmen ausgewählt und zielgerichtet verwendet werden. Eine große Anzahl an Fotos verbessert nicht unbedingt die Qualität der Dokumentation. Ein kurzer Beschreibungstext oder Stichpunkte verleihen den Fotos Bedeutung und lassen im Nachhinein nachvollziehen, warum ein bestimmtes Foto erstellt wurde. Mit einigen digitalen Anwendungen für die pädagogische Dokumentation (siehe Kapitel 2.3) ist es auch möglich, die Fotos zu „verschlagworten", um später die Aufnahmen nach Begriffen filtern und sortieren zu können. So kann zum Beispiel der zu den Fotos passende Bildungsbereich als Schlagwort hinzugefügt werden. Mittels Filterung ist es anschließend möglich, sich anzusehen, was und wieviel zu einem Kind in den verschiedenen Bildungsbereichen dokumentiert wurde.

Fotos im Sinne einer Foto-Dokumentation können auch zur Anwendung kommen, wenn Schritte oder Abfolgen dargestellt werden sollen. Stellen Sie sich vor: Im Winter sind Sie gemeinsam mit den Kindern dabei, den Gefrierpunkt von Wasser zu erforschen. Mit Fotos zum selben Thema, die über mehrere Tage oder auch Wochen aufgenommen werden, können Sie die Entdeckungen und Erkenntnisse der Kinder in ihrer Reihenfolge festhalten.

Die Methode bietet sich darüber hinaus an, wenn es um die Dokumentation von „Ergebnissen" geht. So kann das Kunstwerk, das in der Einrichtung entstanden ist, mittels eines Fotos in die pädagogische Dokumentation einfließen, während das Kind sein Werkstück mit nach Hause nimmt. Auch Bauwerke oder Welten, die das Kind oder die Kinder erschaffen haben, können mithilfe eines Fotos in die Dokumentation aufgenommen werden.

> Nutzen Sie Fotos zur Dokumentation, so sollte das Fotografieren ein selbstverständlicher Teil des Kita-Alltags sein. Hierzu ist es wichtig, die Kinder miteinzubeziehen und ihnen zu erklären, warum und was Sie fotografieren. Bedenken Sie dabei, dass viele Kinder, sobald sie merken, dass sie fotografiert werden, zu lächeln beginnen, Grimassen schneiden oder „posen". Das „Bitte-lächeln" stammt häufig aus dem privaten Umfeld. Damit stehen Sie im pädagogischen Alltag vor der Herausforderung, „echte", „ungestellte" Momente einzufangen.
>
> Es hilft, wenn Sie Kamera oder Tablet schnell zur Hand haben. Dadurch wird das Fotografieren zu einer beiläufigeren Handlung. Und es gelingt zudem leichter, spontane Momente, unmittelbare Interaktionen und die natürliche Individualität der Kinder im Alltag aufzuzeichnen.

Lassen Sie die Kinder anschließend bei der Auswahl der Fotos partizipieren. Hier können Sie medienpädagogisch niederschwellig das Thema „Recht am eigenen Bild" (siehe Kapitel 9.1) integrieren.

2.2 Audio und Video als eigenständige Dokumentationsform

Digitale Medien, wie das Tablet oder das Smartphone, ermöglichen es auf einfache Art, mit einem einzigen Gerät nicht nur Fotos, sondern auch Audio- und Videoaufzeichnungen zu machen. Daraus ergeben sich für die pädagogische Dokumentation neue Zugangsweisen; mehrdimensionale Einblicke in die Entwicklung der Kinder werden möglich. Wie bei der Fotodokumentation sind auch bei Audio- und Videoaufzeichnungen ergänzende kurze Beschreibungstexte oder erläuternde Stichpunkte notwendig, um aus einer Aufnahme eine Dokumentation werden zu lassen. Und erste digitale Anwendungen bieten auch hier die Möglichkeit, Schlagworte zu den Video- und Sprachaufnahmen hinzuzufügen, um dann später zu filtern (siehe Kapitel 2.1).

Erweiterte Möglichkeiten durch Sprachaufnahmen

Die Dokumentation der Sprachkompetenz eines Kindes hängt trotz systematisierter Verfahren stets von der individuellen Einschätzung, der Aufmerksamkeit und dem „Gehör" der jeweiligen Fachkraft ab. Sprachaufnahmen eignen sich deshalb zur Ergänzung, um die Sprachentwicklung hörbar zu dokumentieren.

Es gibt Situationen, in denen nicht sofort klar ist, wie eine Sprachäußerung des Kindes zu verstehen und einzuordnen ist. Nehmen Sie diese auf, können Sie sich die Aufzeichnung noch einmal in einem ruhigeren Moment anhören. Oder Sie spielen die Aufnahme im Team vor, um sich darüber auszutauschen und gemeinsam zu entscheiden, ob das Kind eventuelle Sprachbesonderheiten aufweist.

Auch für die Kinder ist es spannend, sich eigene Sprachaufnahmen anzuhören. Die Kinder sind fasziniert davon, ihre eigene Stimme zu hören. Etwas älteren Kindern können Sie auch frühere Aufnahmen vorspielen. Dies kann ein wunderbarer Anlass sein, um mit den Kindern gemeinsam über deren Sprachentwicklung zu reflektieren. Besonders hilfreich sind Sprachaufzeichnungen bei Kindern, die mehrsprachig aufwachsen. Immer wieder sind sich pädagogische Fachkräfte nicht ganz sicher, ob das Kind Fantasiewörter benutzt oder schon recht flüssig in seiner Muttersprache spricht. Aufgenommene Wörter und Sätze können im Gespräch mit den Familien geklärt und übersetzt werden.

Erweiterte Möglichkeiten durch Videoaufnahmen

Videoaufnahmen ermöglichen, auch Dinge wahrzunehmen, die in der Hektik des Alltags untergehen. Im Geschehen können Interaktionen von Kindern oder einem Kind gezielt aufgenommen und zu passender Zeit betrachtet werden. Losgelöst vom Alltagsstress lassen sich die Handlungen der Kinder wesentlich aufmerksamer beobachten. Die volle Konzentration auf das jeweilige Kind steigert die eigene Sensibilität und hilft, die Individualität des Kindes im Detail zu erfassen. Durch den Vergleich verschiedener Aufzeichnungen kann zudem erkannt werden, wie sich das Kind in den letzten Tagen, Wochen und Monaten verändert hat. Auch kleine Entwicklungsschritte werden dadurch sichtbarer.

Außerdem sind die Momente nicht so flüchtig, wie bei der unmittelbaren Beobachtung. Ein Video kann mehrmals angesehen und jedes Mal wieder etwas Neues entdeckt werden, das zuvor im direkten Geschehen vielleicht nicht aufgefallen war. Alltagssituationen werden aus einem neuen Blickwinkel erlebt.

Videos sind auch eine gute Grundlage, um im Team und mit den Eltern in Austausch zu treten. Und sie können als Beleg für Beobachtungen und Einschätzungen herangezogen werden. Dadurch entsteht mehr Transparenz für diejenigen, die in der konkreten Situation nicht anwesend waren. Dieses Vorgehen eröffnet auch die Chance, sich von seinem subjektiven Blick und bestimmten Wertungen zu entfernen, denn möglicherweise ergänzen Kolleg*innen oder Eltern Details, die einem selbst vorher nicht aufgefallen sind.

Blickwinkel der Kinder

Audio- und Videoaufzeichnungen sind ein guter Anlass, um mit Kindern ins Gespräch zu kommen. Kinder haben Freude daran, Aufnahmen von sich anzuhören bzw. anzusehen. In einer Videoaufzeichnung sieht das Kind sich sozusagen „von außen“ und kann die eigenen Verhaltensweisen und Handlungen auf einer neuen Ebene reflektieren. Lassen Sie sich berichten, was dem Kind auffällt oder was es heute anders empfindet als zum Zeitpunkt der Aufnahme.

Audioaufnahmen eignen sich wunderbar, die O-Töne von Kindern zu dokumentieren. Nehmen Sie zum Beispiel auf, wenn ein Kind Ihnen erzählt, was es gerade gebaut hat. So erhalten Sie die unverfälschte Sichtweise des Kindes auf eine Situation. Zusammen mit einem Foto und einem ergänzenden Kommentar haben Sie eine mehrperspektivische Dokumentation erstellt.

2.3 Einsatz digitaler Anwendungen

Ein Mehrwert für die pädagogische Dokumentation entsteht, wenn die Aufnahmen und die Verwaltung der Medien (Fotos, Audio- und Videoaufzeichnungen) nicht über Digitalkamera und PC erfolgen, sondern entsprechende digitale Tools (z.B. FOTOLINO, KITALINO, nemborn) zum Einsatz kommen. Diese Tools können auf dem Tablet oder dem Smartphone benutzt werden. Für die Einrichtungen bringt dieses Vorgehen verschiedene Vorteile mit sich:

Sortierung und Übersicht

Mit der Nutzung der Tools wird es möglich, die Aufzeichnungen jeweils direkt einem Kind zuzuordnen. Auf einen Klick kann dann zu jedem Kind das individuelle Medienarchiv eingesehen werden. Auf diese Weise besteht die Möglichkeit, die Entwicklung und Veränderung des Kindes über einen längeren Zeitraum ohne große Vorarbeit zu betrachten und zu reflektieren. Außerdem kann gleichzeitig auf Fotos, Audio- und Videoaufnahmen zugegriffen werden, sodass die Entwicklung des Kindes auf allen Medienaufzeichnungen einfach eingesehen werden kann.

Zugriff für alle berechtigten Fachkräfte

In mehrgruppigen Einrichtungen oder bei der Arbeit nach dem offenen Konzept reicht in der Regel eine Digitalkamera für die Dokumentation nicht aus. Dies führt im pädagogischen Alltag dazu, dass die Aufnahmen zu einem Kind auf mehrere Geräte verteilt sind und es nur mit Aufwand möglich ist, einen Gesamtüberblick zu einem Kind zu erhalten. Durch den Einsatz digitaler Anwendungen werden die Mediendateien zentral gesichert und nicht auf dem einzelnen Gerät. So können alle pädagogischen Fachkräfte zeitgleich und immer aktuell auf die Aufnahmen des jeweiligen Kindes zugreifen.

Datenschutz

Digitale Medien, wie zum Beispiel das Tablet, bringen die Funktionen für Foto-, Audio- und Videoaufzeichnungen mit. Wird keine Anwendung für die Verwaltung der Mediendaten verwendet, besteht die Gefahr, dass Informationen verlorengehen. Die Daten liegen dann lediglich auf dem einzelnen Gerät; ist dieses defekt oder wird gestohlen, sind die Daten unwiederbringlich verloren. Eine Anwendung für die digitale Dokumentation kann hier Abhilfe schaffen. Grundvoraussetzung ist dabei eine datenschutzsichere Anwendung. Achten Sie bei der Auswahl eines Anbieters darauf, dass er den Regelungen der DSGVO unterliegt, seine Server also in Deutschland stehen. Prüfen Sie außerdem, ob eine Datenschutzerklärung einsehbar ist und gegebenenfalls mit dem Anbieter ein Vertrag zur Auftragsverarbeitung geschlossen werden kann. Hinweise für einen verantwortungsvollen Umgang mit den sensiblen Daten der digitalen Dokumentation gibt es in Kapitel 9.

3. Digitale Methoden für die Entwicklungs- dokumentation

In diesem Kapitel erfahren Sie

- welche Ansätze zur digitalen Entwicklungsdokumentation vorliegen
- wie sich die Beobachtungs- und Dokumentationspraxis durch digitale Medien weiterentwickeln kann
- welchen Mehrwert digitale Verfahren bieten

Entwicklungsdokumentation wird als Grundlage der individuellen Bildungsunterstützung, der Reflexion und Planung der pädagogischen Arbeit und als Basis für Entwicklungsgespräche mit den Eltern verstanden. Sie dient unter anderem auch der Früherkennung von Entwicklungsbeeinträchtigungen oder -verzögerungen (Viernickel & Völkel 2017). Ziel der Entwicklungsdokumentation ist, relevante Entwicklungsschritte, das Verhalten des Kindes und/oder seine Interessen festzuhalten und sich dazu im Team und mit den Eltern fachlich auszutauschen. Der Entwicklungsdokumentation kommt vor allem Erkenntnisfunktion, Diagnostikfunktion und Kohärenzfunktion zu (siehe Kapitel 1.1). Voraussetzung für die Entwicklungsdokumentation ist eine professionelle Beobachtung als angemessene Einschätzung des jeweiligen Entwicklungsstands. Im Folgenden werden zentrale digitalisierte Varianten der Entwicklungsdokumentation vorgestellt.

3.1 Digitales Portfolio

Das Portfolio ist „[…] eine zielgerichtete Sammlung von Dokumenten – sowohl der Kinder als auch der pädagogischen Fachkräfte und Eltern. Es fließen Beobachtungsergebnisse der Erwachsenen und die Werke der Kinder zusammen und machen dadurch die Bildungsprozesse und Entwicklungsverläufe eines Kindes sichtbar. Bildungsgelegenheiten und wie sich das Kind darauf eingelassen hat, werden im Portfolio beschrieben. Kinder, pädagogische Fachkräfte und Eltern haben so die Möglichkeit, eigene Handlungen und Vorgehensweisen kontinuierlich zu reflektieren und zur Grundlage von nächsten Schritten zu machen. Durch die Auseinandersetzung mit dem Portfolio werden Bildungsprozesse analysiert und begleitet, was wiederum eine Anpassung der Bildungsumgebung an die Bedürfnisse der Kinder ermöglicht" (Lepold & Lill 2017, S. 9).

Qualitätsmerkmale des Portfolios digital aufgegriffen

Wirft man einen Blick auf die Qualitätsmerkmale des Portfolios, so offenbart sich schnell der Mehrwert von digitaler Dokumentation:

Qualitätsmerkmal Facettenreichtum

Durch digitale Medien lassen sich Portfolios mit Videos und Sprachaufnahmen erweitern. Da das Ziel eines Portfolios ist, der Individualität des Kindes gerecht zu werden, bieten sich gerade Sprachaufnahmen an, um das Kind im wahrsten Sinne des Wortes zu Wort kommen zu lassen.

Je nach Entwicklungsstand fällt es den Kindern jedoch noch schwer, ihre Gedanken in Worten auszudrücken. Mimik und Gestik treten hier in den Mittelpunkt und haben sehr viel Aussagekraft. So besteht die Möglichkeit, dass das Kind direkt zeigt, was es kann oder spannend findet. Und diese Szenen können gefilmt werden. Videoaufnahmen stellen deshalb eine ausgezeichnete Erweiterung dar, da das bewegte Bild ohne viele Worte auskommt.

„Gestern bin ich auf einen Baum geklettert", erzählt die fünfjährige Lina ganz leise. „Auf einen Baum?", fragt die Erzieherin, Frau Ramin, nach. „Der war sooooooo hoch." Lina streckt einen Arm weit nach oben, den anderen nach unten. „Oh ja, ein großer Baum", bestätigt Frau Ramin. „Da bin ich erstmal unten mit dem linken Fuß auf den Ast und hab mich dann mit der linken Hand festgehalten und mich dann hochgezogen, das war echt anstrengend." Lina seufzt. „Aber ich hab' das dann nochmal und nochmal und nochmal gemacht, bis ich ganz oben war!" Frau Ramin sieht in ein lächelndes Gesicht: „Da kannst du wirklich stolz auf dich sein!"

Durch das bewegte Bild können motorische Kompetenzen und Entwicklungsschritte eines Kindes deutlich werden. Auf diese Weise ist nachzuvollziehen, wie das Kind vorgeht, wenn es ein Klettergerüst erklimmt; man kann sehen, wie lange es sein Gleichgewicht auf einem Bein halten kann etc. Und auch dem Kind fällt es deutlich leichter, die eigenen Entwicklungsschritte nachzuvollziehen, wenn es diese selbst „von außen" sehen kann. Bei der Aufnahme sollten Sie deshalb darauf achten, dass Sie sich auf kurze und aussagekräftige Videosequenzen konzentrieren.

Qualitätsmerkmal Partizipation

Die Partizipation des Kindes am eigenen Portfolio ist eine Voraussetzung für das Gelingen. Die aktive Beteiligung spielt sowohl im Erstellprozess als auch bei der gemeinsamen Reflexion der Einträge eine zentrale Rolle. Beide Aspekte werden durch die digitale Portfolioarbeit vereinfacht.

Bei der Dokumentation über Videos und Sprachaufnahmen setzt sich das Kind noch intensiver mit seiner eigenen Entwicklung auseinander. Gerade beim Betrachten von Videos fällt es leicht, eine Situation nachzuempfinden. Die bewegten Bilder machen das Erlebte greifbar. Darüber hinaus bietet das gemeinsame Betrachten von Videoaufnahmen viele Ansatzpunkte für den Dialog zwischen Kind und Fachkraft, da auf einzelne Details eingegangen werden kann.

Es gibt verschiedene Anwendungen, die sich für das Erstellen von digitalen Portfolios eignen, wie zum Beispiel KITALINO, Storypark oder PicCollage. Manche dieser Anwendungen wurden speziell für die Portfolioarbeit in Kitas entwickelt und bieten eine datenschutzkonforme Speicherung der Einträge. Die Einträge werden dann jeweils zu einem Kind übersichtlich gesammelt und können, je nach Anwendung, mit verschiedenen Merkmalen versehen werden.

Die Apps sind zudem so aufgebaut, dass Sie die Kinder ganz einfach in den Erstellprozess miteinbeziehen können. Die Kinder können zum Beispiel selbst fotografieren und/oder gemeinsam mit Ihnen die Fotos für das Portfolio auswählen. Anschließend wird gemeinsam ein erläuternder Text formuliert und das Portfolio gespeichert und ausgedruckt.

Qualitätsmerkmal Unmittelbarkeit

Mithilfe von digitalen Medien können Portfolios unmittelbar und damit wesentlich schneller im Geschehen erstellt werden. Somit muss das Kind keine zeitliche Spanne mehr überbrücken – von der eigentlichen Situation bis zum Portfolio-Eintrag. Außerdem stärkt die Partizipation der Kinder an der Erstellung den Bezug zum Eintrag. Durch die Einbindung von Anfang bis Ende erlebt das Kind die Erstellung des Portfolios mit, kann gleich selbstständig Entscheidungen über den Inhalt treffen und wird nicht Tage oder Wochen später mit einem fertigen Eintrag konfrontiert (siehe Abbildung).

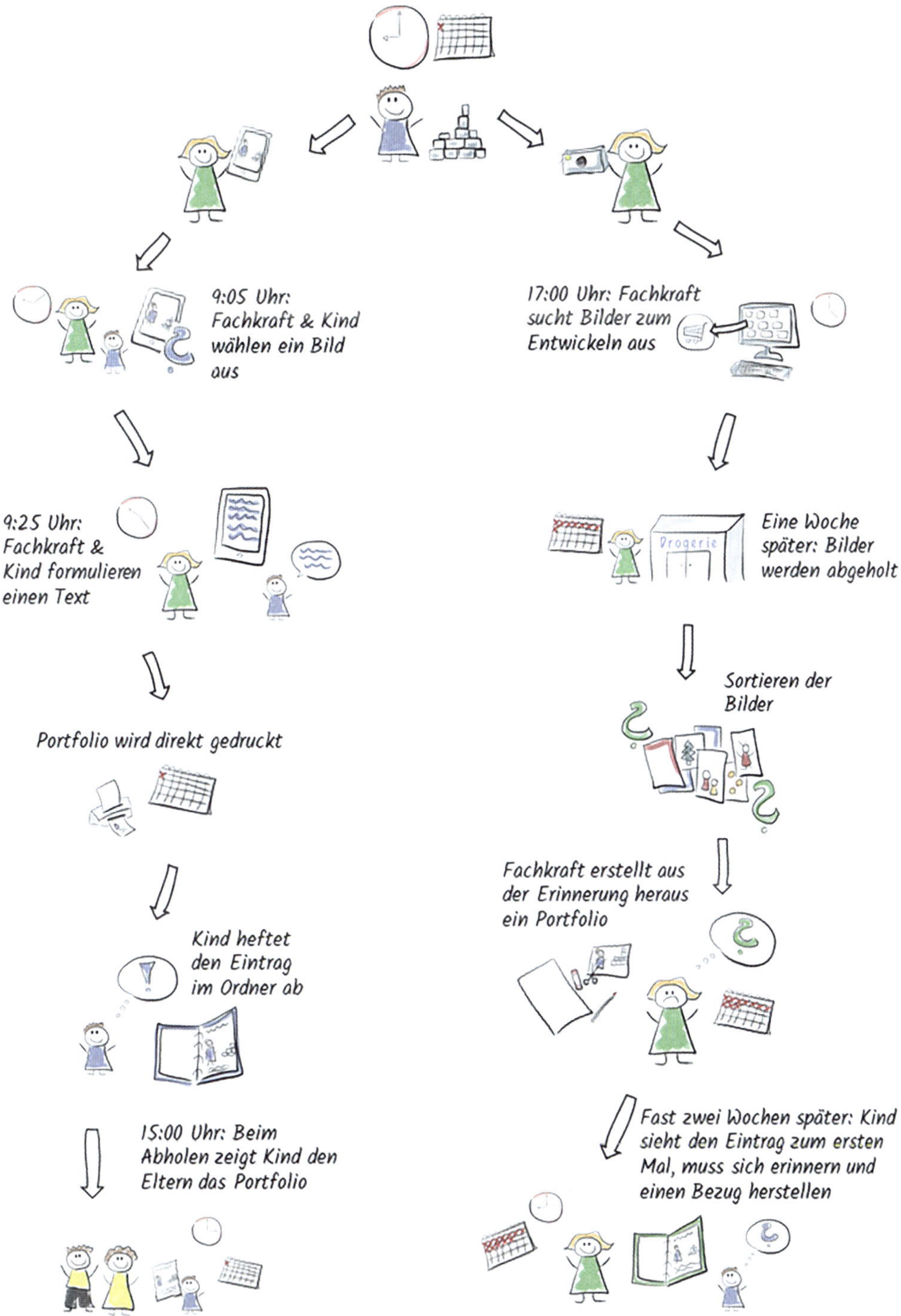
9:05 Uhr: Fachkraft & Kind wählen ein Bild aus
9:25 Uhr: Fachkraft & Kind formulieren einen Text
Portfolio wird direkt gedruckt
Kind heftet den Eintrag im Ordner ab
15:00 Uhr: Beim Abholen zeigt Kind den Eltern das Portfolio
17:00 Uhr: Fachkraft sucht Bilder zum Entwickeln aus
Eine Woche später: Bilder werden abgeholt
Drogerie
Sortieren der Bilder
Fachkraft erstellt aus der Erinnerung heraus ein Portfolio
Fast zwei Wochen später: Kind sieht den Eintrag zum ersten Mal, muss sich erinnern und einen Bezug herstellen

Qualitätsmerkmal Individualität

Nutzt man Kita-Apps für die Portfolioerstellung, so liegt die Vermutung nahe, dass durch die Verwendung von vorgegebenen Layouts die Individualität verlorengeht. Es entsteht die Befürchtung, dass die Einträge nicht mehr kindgerecht sind, wenn schmückende Elemente fehlen.

Diese Vorbehalte können schnell aus dem Weg geräumt werden, nimmt man die Chance der Partizipation der Kinder im Erstellprozess in den Fokus. In dem Moment, in dem das Kind die Inhalte des Eintrags mitbestimmt, ist die Individualität garantiert. Gerade die Ergänzung durch Video- und Sprachaufnahmen gibt den einzelnen Einträgen einen unverwechselbaren Charakter. Zudem können die digital angefertigten Portfolioeinträge auch ausgedruckt und von den Kindern weiterbearbeitet werden, indem sie zum Beispiel etwas dazu malen oder aufkleben.

Wichtig! Auch wenn der Faktor Zeitersparnis ein häufiges Argument für die Nutzung von digitalen Medien und/oder Kita-Apps bei der Portfolioarbeit ist, gilt es darauf zu achten, die Einträge nicht oberflächlich abzuarbeiten. Die Zeit, die man durch die unkomplizierten Erstellprozesse spart, lässt sich gut dafür nutzen, das Kind verstärkt einzubeziehen und in einem Dialog (mit-)gestalten zu lassen.

Manche Apps haben die Funktion, ein Portfolio für mehrere Kinder anzulegen. Auch hier gilt es genau darauf zu achten, welche Gruppenaktivitäten wirklich Teil der ressourcenorientierten Entwicklungsdokumentation sind. Es empfiehlt sich zudem, im Team eine minimale und maximale Anzahl von Portfolioeinträgen pro Kind in einem bestimmten Zeitraum abzustimmen. So können Sie sicherstellen, dass Sie nicht in eine „Massenproduktion" abdriften. Qualität geht vor Quantität!

Qualitätsmerkmal Zugänglichkeit

Ein wesentlicher Aspekt ist die Zugänglichkeit des Portfolios. Das Kind soll jederzeit die Möglichkeit haben, selbstständig auf sein Portfolio zuzugreifen. Daher beinhaltet die Arbeit mit dem digitalen Portfolio zusätzlich die Erstellung eines analogen Portfolio-Ordners. Einige Kitas setzen Beobachtung und Dokumentation komplett digital um bzw. sind auf dem Weg dorthin. Bezüglich der digitalen Portfolios bedarf es hierfür einer sicheren technischen Lösung, um einen direkten selbstständigen Zugriff für jedes Kind zu ermöglichen. Der Normalfall ist daher: Die digital erstellten Einträge werden ausgedruckt und finden ihren Weg in den Ordner des Kindes. Im Sinne der Unmittelbarkeit werden die Einträge möglichst zeitnah nach der Erstellung ausgedruckt, damit das Kind sie selbstständig in seinen Ordner heften kann.

Die Digitalisierung der Portfolioeinträge bringt in diesem Zusammenhang noch einen recht banalen und dennoch wirksamen Vorteil mit sich: Die Einträge können immer wieder neu ausgedruckt werden. Manche Einrichtungen – gerade im U3-Bereich – haben Hemmungen, die Ordner frei zugänglich für die Kinder zu machen, da die Einträge bei häufiger Nutzung leicht knittern, kaputt- oder verlorengehen können. Doch ist es Teil des Portfolioprozesses, dass sich das Kind, so wie es möchte, mit seinem Portfolio beschäftigen kann. Existiert der digitale Gegenpart, so kann eine Portfolioseite beliebig oft ersetzt werden.

Der Übergang von der Kita zur Schule bedeutet für das Kind eine ungewohnte Situation. Neue (Bezugs-)Personen, eine neue Umgebung und neue Prozesse kommen auf das Kind zu. Das erzeugt manchmal Nervosität oder Unsicherheit, die durch die Stärkung des Selbstvertrauens der Kinder im Vorfeld aufgefangen werden können. In diesem Kontext wird das Portfolio zu einer Stütze bei der Bewältigung des Übergangs.

Das Portfolio kann eine Brücke zwischen den Einrichtungen sein. Die Lehrkräfte haben die Möglichkeit, über das Portfolio die Kinder und deren individuelle Bildungsbiografie kennenzulernen. Das Kind kann sein Portfolio und damit auch sich selbst vorstellen. So startet das Kind nicht als Lernanfänger, sondern kann sich und seine bisherige Lernerfahrung zeigen. Dadurch wird ihm das Gefühl vermittelt, dass seine Stärken und Interessen und das, was es in der Kita ausgemacht hat, weiterhin bedeutsam sind.

Existiert in der Kita ein digitales Portfolio, kann es nach Freigabe durch das Kind und die Eltern unkompliziert an die Schule übergeben werden. In einigen Schulen wird das Portfolio weitergeführt und die Kinder halten – immer selbstständiger – ihre Lernerfolge fest und reflektieren ihre Interessen allein und in der Gruppe.

3.2 Digitale Kartei

Eine Kartei ist eine Sammlung von schriftlichen Dokumenten. Dabei gibt es für jede Information eine eigene Karte bzw. ein gesondertes Schriftstück, zum Beispiel lose Kurzbeobachtungen. Diese lose Sammlung wird nach einer vorgegebenen Struktur geordnet. So können in der Kita Kurzbeobachtungen oder Notizen zu einem Kind chronologisch, nach Entwicklungsbereich oder nach Beobachtungsperson geordnet werden. Diese Notizen stellen eine wertvolle Ergänzung zu weiteren freien und standardisierten Dokumentationsverfahren dar und müssen nicht zwingend mit Fotos, Videos oder Audioaufnahmen verbunden werden.

Das Sortieren und Strukturieren einer analogen Kartei braucht Zeit und Platz, wenn man bedenkt, dass sich zu jedem Kind eine Vielzahl an Schriftstücken ansammelt. An diesen beiden Aspekten setzt die digitale Kartei an: Sie sparen durch die digitale Ablage nicht nur Platz, weil Sie keine analogen Ordner oder Karteikästen zu jedem einzelnen Kind aufbewahren müssen. Auch der Aspekt, dass Sie wesentlich weniger Papier verbrauchen, ist ein Argument für die Digitalisierung von freien Notizen.

Eine übersichtliche Karteistruktur lässt sich ganz einfach mit einer vorstrukturierten Ablage auf einem gesicherten Laufwerk aufbauen. So können Sie für jedes Kind einen eigenen digitalen Ordner erstellen. Je nach Größe Ihrer Einrichtung kann es Sinn machen, die Kinderordner in Gruppenordnern abzulegen. Im offenen Konzept können Sie die Kinder anstatt Gruppen den Bezugsfachkräften zuweisen. Zudem haben Sie jederzeit die Möglichkeit, die Suchfunktion zu nutzen, um schnell zum Ordner des jeweiligen Kindes zu gelangen. Wenn Sie die einzelnen Dokumente entsprechend benennen, können die Notizen ebenfalls über die Suchfunktion schnell wiedergefunden werden. Hier empfiehlt es sich, eine gemeinsame Systematik der Benennung im Team zu erarbeiten. Die digitale Kartei zu einem einzelnen Kind lässt sich ebenfalls strukturieren. So können sie entsprechend Ihrer Beobachtungspraxis verschiedene Unterordner schaffen, zum Beispiel nach Entwicklungsbereichen sortiert.

Die digitale Ablage ermöglicht Ihnen, gezielte Freigaben zu den Ordnern zu setzen. So haben stets nur befugte Personen Zugriff auf die jeweiligen Daten. Die Einträge erstellen Sie dann mit Textverarbeitungsprogrammen wie Word oder Pages. Dabei können Sie für die Beobachtung und Dokumentation vorbereitete Karteikarten als Vorlage speichern, um diese jederzeit auf den verfügbaren Geräten zu nutzen (siehe Abbildung).

Beispiel für eine individuelle Karteikarte

	Kognition		Motorik		Emotion		Sprache
	Weitere/r Bereich/e:						

Kind	Beobachter*in	Datum

Dokumentation (Notizen)

Info für Kolleg*innen

Info für Eltern

Zusätzliche Infos

Über mobile Geräte wie Tablets können Beobachtungen, spontane Gedanken von Kindern und Fachkräften oder stichwortartig Ideen für gemeinsame zukünftige Pläne direkt im Kita-Alltag notiert werden. Ein großer Vorteil von digitalen Notizen besteht darin, dass der Platz für Informationen nicht begrenzt ist. Darüber hinaus sind digitale Notizen, anders als bei handschriftlichen, garantiert gut lesbar ist. Dieser Umstand ist hinsichtlich der Nachvollziehbarkeit der Dokumentation nicht unwesentlich.

3.3 (Digitale) Beobachtungsbögen

Auf dem Markt gibt es unzählige Beobachtungsbögen mit unterschiedlichsten Zielsetzungen, die für die Entwicklungsdokumentation in Kitas genutzt werden können. Einige dieser Verfahren sind wissenschaftlich evaluiert und als standardisierte Beobachtungsverfahren im Einsatz.

Es gibt verschiedene Kita-Anwendungen, die es ermöglichen, eigene, individuelle Beobachtungsbögen zu digitalisieren (z.B. nemborn, KITALINO oder gabip). Zur digitalen Beobachtung mit standardisierten Verfahren ist zum einen KOMPIK (www.kompik.de) zu nennen, mit dem auf wissenschaftlich fundierter Grundlage mehrere Entwicklungsbereiche beobachtet und ausgewertet werden können. Eine größere Auswahl an verschiedenen standardisierten Verfahren bietet KITALINO (www.kitalino.com). Hier können unter anderem die Sprachbeobachtungsverfahren BaSiK, liseb, sismik und seldak digital dokumentiert werden. Ebenso stehen Bögen zur Beobachtung und Dokumentation der sozial-emotionalen Entwicklung (z.B. perik) zur Verfügung. Die Verfahren haben zum Ziel, den Entwicklungsstand im Sinne der Erkenntnisfunktion detailliert und nachvollziehbar zu erfassen.

Ebenso stehen die digitalen Versionen zu Verfahren wie den (validierten) Grenzsteinen der Entwicklung oder Entwicklungsbeobachtung und -dokumentation (EBD) zur Verfügung. Diese dienen der Identifizierung von Entwicklungsrisiken und haben somit eine Diagnostikfunktion. Ziel dieser Verfahren ist es, Stärken und Schwächen des Kindes zu erkennen und bedarfsgerechte Förderangebote abzuleiten.

Egal, ob standardisiert oder individuell erstellt, stehen Ihnen die digitalen Beobachtungsbögen jederzeit kompakt und übersichtlich zu jedem Kind zur Verfügung. Sie können diese in wenigen Sekunden aufrufen und überprüfen, inwieweit welcher Bogen bereits ausgefüllt wurde und wo noch Punkte offen sind. Zudem ermöglicht der schnelle Zugriff die alltagsintegrierte Dokumentation.

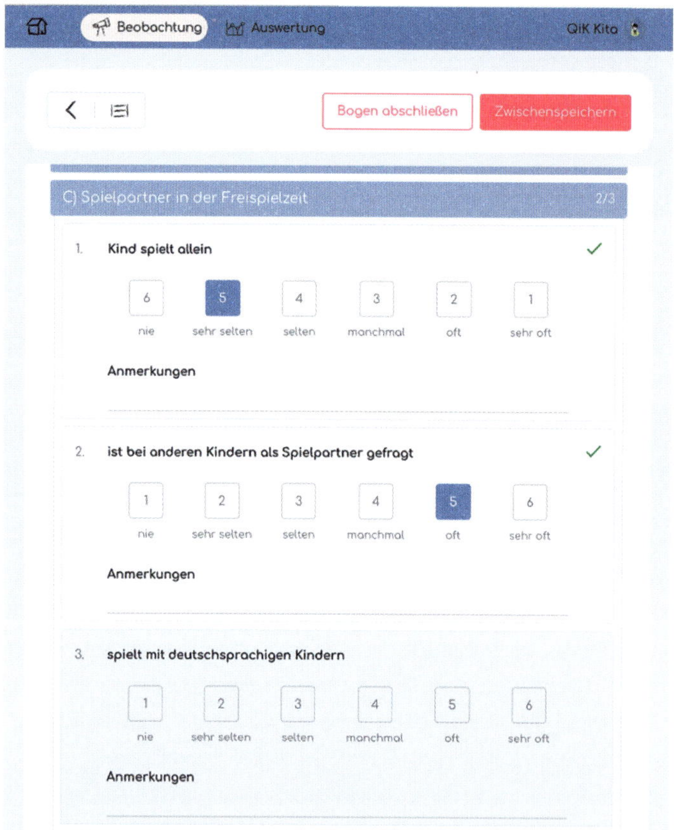

Quelle: kitalino.com

Stellen Sie sich eine Freispielsituation vor. Die Kinder sind in ihr Spiel vertieft, während Sie den vierjährigen Karel beobachten. Sie haben nun schon häufiger die Interaktionen zwischen Karel und den anderen Kindern beobachtet, also nehmen Sie das Tablet zur Hand, rufen den Bogen auf und dokumentieren direkt Ihre Beobachtungen. Sie müssen hierzu die Situation nicht verlassen und können bei den Kindern bleiben.

Im Kita-Alltag kommt es zudem häufig vor, dass pädagogische Fachkräfte ihre Dokumentation unterbrechen müssen, da ein Kind ihre Unterstützung benötigt. Auch hier helfen digitale Beobachtungsbögen, da Sie zum einen die Beobachtungen zwischenspeichern, zum anderen direkt erkennen können, an welcher Stelle Sie stehengeblieben waren und nun wieder anknüpfen möchten. Die Anzeige, wie weit ein Bogen bearbeitet ist, schafft Transparenz für das gesamte Team. Das hilft vor allem Kolleg*innen in Vertretungsfällen oder bei Personalwechsel, sich schnell zu orientieren.

Auswertung von digitalen Beobachtungsbögen

Fachkräfte dokumentieren ihre Beobachtungen zum Entwicklungsstand der Kinder in einer Kombination aus Einschätzskalen und freien Feldern für Notizen zu Beispielen oder Anmerkungen. Die Auswertung einiger standardisierter Verfahren erfolgt über alters- bzw. entwicklungsbereichsbezogene Vergleichswerte, die im Rahmen wissenschaftlicher Normierungsstudien erstellt wurden. Dabei nehmen die digitalen Anwendungen den pädagogischen Fachkräften die rechnerische Auswertung ab. Das spart nicht nur Zeit, sondern vermindert auch die Fehleranfälligkeit, die bei der händischen Auswertung besteht. Durch die grafische Aufbereitung und die Vergleichbarkeit mehrerer Beobachtungszeiträume ist zudem die Entwicklung eines Kindes über einen längeren Zeitraum hinweg gut nachvollziehbar.

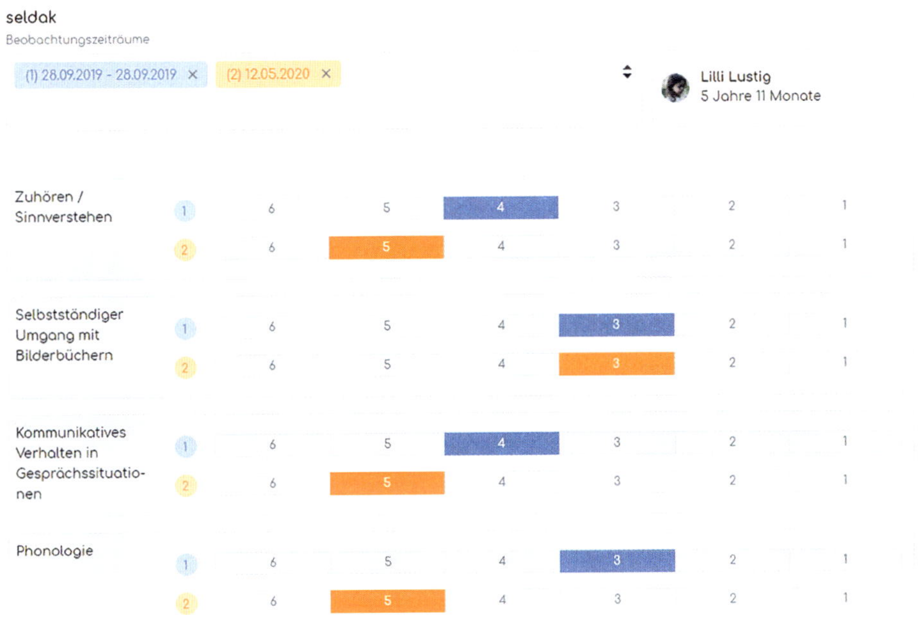

Quelle: kitalino.com

Die Auswertung der Ergebnisse dient als Grundlage zur weiteren pädagogischen Planung. Dafür wird die quantitative, also rechnerische Auswertung durch die qualitative Auswertung ergänzt. Damit ist die Analyse bestimmter Beobachtungen, zum Beispiel im Rahmen einer Teamreflexion, gemeint (siehe Kapitel 7). Weiter wird die Bereitstellung von Informationen für externe Fachkräfte, wie Therapeut*innen oder Logopäd*innen, im Sinne der Kohärenzfunktion durch die digitalisierte Auswertung und Darstellung der Ergebnisse erleichtert.

Sowohl die analoge als auch die digitale Arbeit mit einem systematisierten Beobachtungsverfahren bedarf der fachgerechten Anwendung seitens der pädagogischen Fachkräfte. Dazu geben in der Regel die Manuale, Begleithefte oder Hinweise zu den Verfahren Auskunft, die über Zielsetzung, Zielgruppe und Auswertung der Beobachtungsergebnisse aufklären.

Vergleich der beiden Varianten von Beobachtungsbögen

Der Einsatz von Beobachtungsbögen zur pädagogischen Dokumentation erweitert die Möglichkeiten der Entwicklungsbegleitung. Im folgenden Vergleich wird deutlich, dass die Nutzung digitaler Beobachtungsbögen gegenüber der Papiervariante auf Dauer Zeit spart und Ressourcen schafft.

	Beobachtungsbögen als Papiervariante	**Digitale Variante der Beobachtungsbögen**
Verfügbarkeit	Rechtzeitige Bestellung neuer Bogenvorlagen, die dann bei Bedarf aus dem Leitungsbüro geholt werden	Neue Bögen stehen jederzeit in aktueller Version zur Verfügung
Sichere Aufbewahrung	Aufbewahrung ausgefüllter Bögen an einem für Unbefugte nicht zugänglichen Ort	Die Bögen und Daten sind auf einem Server nach DSGVO-Voraussetzungen gesichert
Zugänglichkeit	Befugte holen sich die sicher abgelegten Bögen, müssen ggf. danach suchen oder übersehen bereits begonnene Beobachtungen	Für alle Befugten sind alle Bögen übersichtlich unter dem Namen des jeweiligen Kindes in der Anwendung „just in time" zugänglich
Eingabevoraussetzungen	Für die Eingabe der Beobachtungen wird der komplette Bogen verwendet	Es werden nur die Fragen angezeigt, die für das jeweilige Kind Relevanz haben. Fragen zu Deutsch als Zweitsprache werden z.B. bei Kindern mit Deutsch als Erstsprache ausgeblendet
Vollständigkeit	Bögen müssen per Hand vor der Auswertung auf Vollständigkeit geprüft werden	Noch nicht vollständig oder vollständig ausgefüllte Bögen sind auf einen Blick erkennbar, ebenso die für die Auswertung erforderlichen Angaben

	Beobachtungsbögen als Papiervariante	Digitale Variante der Beobachtungsbögen
Berechnung der Ergebnisse und Auswertung	Die Auswertung der Beobachtungsergebnisse findet per Hand statt; Werte müssen ausgerechnet und diese mit Werten aus Normtabellen abgeglichen werden; um Rechenfehler zu vermeiden, empfiehlt sich eine Nachkontrolle	Die Auswertung erfolgt auf Knopfdruck
Darstellung der Auswertung	Die Darstellung der Ergebnisse wird per Hand vorgenommen; dies ist stark abhängig von der Arbeitsweise der jeweiligen Fachkraft und ggf. nicht einheitlich und übersichtlich	Die Darstellung der Auswertungsergebnisse ist einheitlich und übersichtlich
Vergleichbarkeit der Auswertung	Mehrere Beobachtungen müssen nebeneinandergelegt und ggf. auf einem neuen Dokument vergleichend gegenübergestellt werden	Auf Knopfdruck werden Auswertungsergebnisse mehrerer Beobachtungen vergleichbar
Nutzung der Auswertungsergebnisse für Elterngespräche	Die verständliche Darstellung der Ergebnisse für Elterngespräche hängt von der jeweiligen Aufbereitung ab	Die Darstellung der Auswertungsergebnisse ist einheitlich und auf einen Blick verständlich

4.
Methoden für das digitale Kita-Leben

In diesem Kapitel erfahren Sie

- wie Sie verschiedene Aspekte des Kita-Lebens digital dokumentieren können
- welche digitalen Medien sich vor allem für die gemeinsame Dokumentation mit den Kindern eignen
- wie Sie die Familien durch digitale Dokumentation am Kita-Leben teilhaben lassen

Sowohl die Projektdokumentation als auch die Alltagsdokumentation sind Teil des Kita-Lebens (siehe Kapitel 1.3). Neben der Qualitätssicherung dient die Dokumentation des Kita-Lebens dazu, die Perspektiven der Kinder einzufangen und den Kita-Alltag für die Familien transparent zu gestalten.

Die digitale Dokumentation hat hier zum Ziel, Abläufe, Ereignisse sowie Projekte nachvollziehbar festzuhalten und darzustellen. Eine multimediale Herangehensweise eignet sich dabei ganz besonders: Fotos, Videos und Sprachaufnahmen werden der Vielseitigkeit des Kita-Lebens gerecht und ermöglichen, die Situationen aus vielen Perspektiven darzustellen. Doch wo beginnen?

Bevor Sie als pädagogische Fachkraft allein, im Team oder gemeinsam mit den Kindern anfangen zu dokumentieren, ist es zunächst wichtig, sich zu überlegen:

- Was möchte ich/was wollen wir zeigen?
- Welche Aspekte sind besonders relevant, damit ich das zeigen kann, was ich möchte?
- Für wen mache ich diese Dokumentation?
- Wie gelingt es, dass die Zielgruppe versteht, was ich zeige?
- Welche Medien eignen sich dazu besonders gut?

Diese Vorüberlegungen sind notwendig, da sich die Eindrücke nicht beliebig oft wiederholen lassen. Wenn Sie wissen, was Sie dokumentieren möchten, ist es einfacher, im richtigen Moment Situationen unverfälscht festzuhalten. Das können zum Beispiel spontane O-Töne der Kinder oder auch der Verlauf eines Experiments sein.

4.1 Digitale Wanddokumentation

Wanddokumentationen beziehen sich meist auf Gruppenaktivitäten und spiegeln aktuelle Situationen sowie Prozesse wider. Die Wände sind „lebendig", das bedeutet, dass sie im Laufe eines Projektes immer wieder verändert werden. Die Kinder überlegen gemeinsam, welche Bilder sie nutzen möchten, wie sie etwas beschreiben oder illustrieren können. Dahinter steht der Gedanke, dass die Kinder einen Spiegel dessen finden, was sie sowohl gedanklich als auch emotional beschäftigt. Die Kinder sammeln auf den Wänden ihre Gedanken, ihre Erkenntnisse und ihre Wünsche. Die pädagogischen Fachkräfte können durch Überschriften, hervorhebende Elemente oder gezielte Aufteilung des gesammelten Materials Struktur in die Handlungsprozesse der Kinder bringen.

Elemente der klassischen Wanddokumentation sind:

- Werke der Kinder (Zeichnungen, Bastelwerke etc.)
- Fotos der Kinder in Aktion
- Aussagekräftige Fotos von Prozessschritten
- Gedanken und Aussagen der Kinder (von kurzen Kommentaren bis zu ausführlichen Diskussionsprotokollen)
- Zeitschienen
  (vgl. Knauf, T., 2017, S. 17)

Die physische Präsenz im Raum ist ein wesentliches Merkmal der Wanddokumentation. Dadurch entsteht ein spannender Effekt, denn die Dokumentation spiegelt nicht nur das Ergebnis des Denkens und Handelns der Kinder wider, sondern wirkt durch die Platzierung im Raum auch direkt zurück. Das inspiriert die Kinder in ihrem Tun. Dieser Effekt trifft auch für andere Formen der Dokumentation zu, ist aber bei der Wanddokumentation durch die direkte Präsenz besonders deutlich (Knauf, H. 2019, S. 79ff.). Es ist entscheidend, dass die Kinder jederzeit Zugriff auf die Dokumentation haben und diese sich in deren Blickfeld befindet. Somit liegt auf der Hand, dass digitale Elemente bei der Wanddokumentation stets nur eine Ergänzung sein können. Gleichzeitig stecken aber auch enorme Chancen in der Erweiterung durch digitale Elemente – gerade, wenn Kitas vor der Herausforderung stehen, ausreichend freie Flächen für die Wanddokumentation zu schaffen. Digitale Elemente können die Perspektiven der Kinder platzsparend und dennoch aussagekräftig erweitern. Die Wanddokumentation erfüllt auf diese Weise nicht nur die Partizipationsfunktion, sondern auch die Erkenntnis- und Kommunikationsfunktion.

Viele Eindrücke auf kleiner Fläche? Der **digitale Bilderrahmen** hat bereits in zahlreichen Einrichtungen Einzug gehalten. Dafür können Sie ganz einfach eine Diashow mithilfe von verschiedenen Fotos anfertigen. Spannend kann dabei auch sein, ein Objekt oder eine bestimmte Situation von mehreren Kindern fotografieren zu lassen und diese unterschiedlichen Aufnahmen als Diashow abzuspielen. So bekommt man einen Eindruck, wie vielfältig ein- und dieselbe Sache wahrgenommen werden kann. Fotografieren Sie mit einem Tablet, können Sie auch Apps zur Bildbearbeitung oder zum Erstellen von Collagen (z.B. PicCollage) nutzen.

© MarjonBesteman www.pixabay.com, © kaboompics www.pixabay.com, © Alexandr Podvalny www.unsplash.com, © Markus Spiske www.unsplash.com

Eine weitere Möglichkeit, digitale Medien zur Erweiterung der Perspektive zu nutzen, sind **Zeitraffervideos.** Hierzu fotografieren Sie oder die Kinder eine Sache immer wieder aus der gleichen Perspektive. Ein Beispiel ist das tägliche Fotografieren eines eingepflanzten Sonnenblumenkerns – vom Spross bis zur Blüte. Oder Sie fotografieren eine länger andauernde Situation, zum Beispiel die Entstehung eines gemeinsamen Bauwerks, in kürzeren Abständen, um später einen Eindruck von der schrittweisen Fertigstellung zu haben. Zeitraffervideos lassen sich mit einfachen Apps wie iMovie erstellen. Ebenso haben einige Tablets oder Smartphones in der integrierten Kamera eine Zeitrafferfunktion. Hierzu stellen Sie das Gerät am besten auf ein Stativ und nehmen anschließend eine längere Sequenz auf.

Videoaufnahmen sind somit weitere gute Möglichkeiten, weil sie die Chance bieten, die Perspektiven der Kinder unverfälscht in die Wanddokumentation einzubinden. Die Kinder können ihre Eindrücke direkt kommentieren und zeigen, was im Mittelpunkt ihres Interesses steht.

Videos können auch ohne einen digitalen Bilderrahmen die Wanddokumentation ergänzen, indem Sie QR-Codes auf den Wänden platzieren, über die die Kinder die Videos aufrufen können. Bei der Bereitstellung von Videoaufnahmen über einen QR-Code darf das Thema Datenschutz nicht außer Acht gelassen werden. Prüfen Sie, dass auf Aufnahmen, die Sie zum Beispiel in YouTube einstellen wollen, keine Kinder zu erkennen sind bzw. die entsprechenden Einwilligungserklärungen der Eltern vorliegen.

Was ist ein QR-Code?

Ein QR-Code (Quick-Response-Code) speichert Informationen und macht sie über Browser im Internet abrufbar. So kann dieser Code zum Beispiel auf ein YouTube-Video verweisen, das dann nur ausgewählte Personen ansehen können. Einen QR-Code können Sie ganz einfach mit der Smartphone- oder Tablet-Kamera einlesen. Je nach Gerät wird der Code automatisch erkannt oder benötigt noch eine zusätzliche App, um ihn zu lesen.

Wie erstelle ich einen QR-Code?

Einen QR-Code können Sie über verschiedene Apps oder Websites, etwa www.qrcode-generator.de/, erstellen. Dort finden Sie eine entsprechende Anleitung.

Gezielte Videoaufnahmen fördern die gemeinschaftliche Planungskompetenz und das Gefühl für visuelle Aussagekraft. Die Kinder lernen, wie sie das, was sie zeigen wollen, filmisch einfangen können. Dabei erfahren sie außerdem, dass Videoaufnahmen in vielen Fällen vorab geplant werden müssen, damit man gute Momente nicht verpasst oder aus Versehen die Kamera falsch platziert hat. Schließlich soll zum Beispiel der entscheidende Moment in einem Experiment auch eingefangen werden. Eine weitere Herausforderung ist die direkte sprachliche Begleitung des filmischen Materials: Wann ist der passende Moment, etwas zu sagen? Wie laut muss ich sprechen, damit man mich hört? Gibt es störende Nebengeräusche? Passt das, was ich sage, zu den Bildern, die man gerade sieht?

Kommentare der Kinder sind ein essenzieller Bestandteil der Wanddokumentation. Da die meisten Kinder im Kita-Alter noch nicht schreiben können, sind sie darauf angewiesen, dass die pädagogischen Fachkräfte ihre Aussagen originalgetreu notieren. Zudem brauchen die Kinder immer wieder eine Person, die ihnen die geschriebenen Worte vorliest. Kommentare in Videos, aber auch reine **Sprachaufnahmen** ermöglichen es, gesprochene Zitate und Berichte der Kinder einzubinden. Die Kinder können – ungefiltert – das sagen, was sie möchten. Sie können die Kommentare selbstständig anhören und brauchen niemanden, der oder die ihnen ihre Worte vorliest.

Für Sprachaufnahmen gibt es vielfältige Möglichkeiten, beginnend bei simplen Sprachaufnahme-Apps. Doch braucht es zum Abspielen immer das griffbereite Tablet. Für den direkten Zugriff auf die Sprachaufnahmen stehen verschiedene Werkzeuge zur Sprachaufzeichnung zur Verfügung, die teilweise explizit für den Zweck einer Wanddokumentation entwickelt wurden.

Sprechende Wände / Erzählboards

Solch eine sprechende Wand besteht aus verschiedenen Einschubfächern, in die Sie zum Beispiel Fotos von gemeinsamen Erlebnissen stecken. Die Kinder können dann pro Einschubfach einen Text von 10 bis 30 Sekunden (variierend nach Hersteller) einsprechen. Bei diesen Elementen spielen die Kinder die Aufnahmen durch das Drücken von Tasten am Bild jederzeit ab.

www.backwinkel.de/erzaehl-board.html?gclid=eaiaiqobchmio_oaiofy7wivkawgabomdqu4eaqyasabegiowfd_bwe oder www.inklusiv-shop.ariadne.de/themenwelten/kindergarten/5275/interaktiva-die-sprechende-wand-n/528-3600/

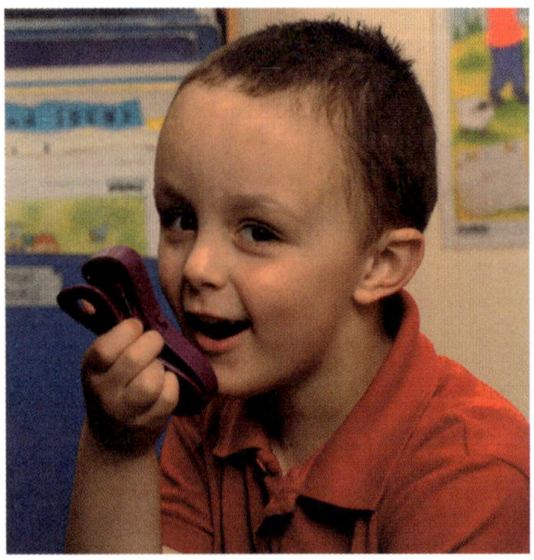

Sprechende Klammer

Mit den sprechenden Klammern nehmen die Kinder kurze Sequenzen von etwa 10 Sekunden auf. Da die Klammer variabel zu befestigen ist, können die Kinder ihre Sprachaufnahmen beliebig zuordnen. Dadurch ermöglichen die sprechenden Klammern eine große Flexibilität der Sprachaufnahmen in der Wanddokumentation.

www.inklusiv-shop.ariadne.de/themenwelten/kindergarten/6337/peggy-die-sprechende-riesenklammer-n/528-1501/ oder www.b-bot.de/produkte/kommunikation/sprechende-klammern/

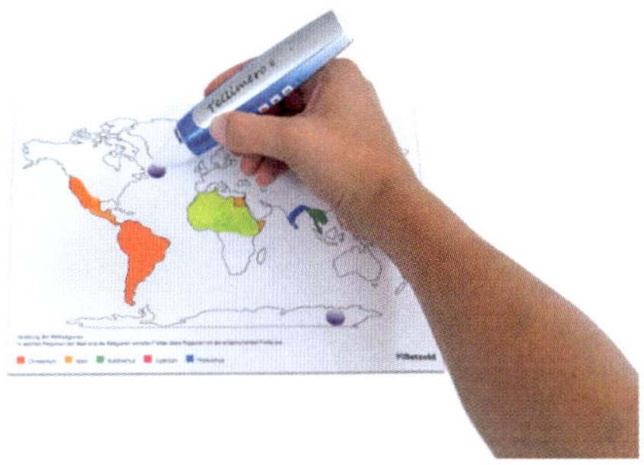

Sprechender Stift

Sprechende Stifte sind kleine Aufnahmegeräte. Damit können beliebig lange Sprachaufnahmen gemacht werden, die Stickern zugewiesen werden. Diese Sticker werden dann an den sprechenden Wänden angebracht. Halten die Kinder den Stift anschließend an die verschiedenen Sticker auf der Wand, so spielt der sprechende Stift die passende Aufnahme ab. Zu einem Sticker lassen sich immer wieder neue Aufnahmen einsprechen.

www.anybookreader.de/ oder www.betzold.de/prod/E_754698/

4.2 Digitales (Tage-)Buch

In nahezu jeder Einrichtung gibt es ein Gruppentagebuch, das zur Organisation des Kita-Alltags dient. Alle wichtigen Informationen zur Gruppe und zum Tagesgeschehen werden darin gesammelt – von Allergien über Notfallkontakte zu tagesaktuellen Informationen (Wer holt heute ab?), Kurzbeobachtungen bis hin zu „Stilblüten" der Kinder. Dabei sind diese Tagebücher mal mehr, mal weniger strukturiert.

Organisation des Tagesgeschehens

Digitale Dokumentation hilft, Übersicht und Struktur in die alltäglichen Informationen zu bekommen. Zur Dokumentation und Organisation des Tagesgeschehens gibt es eigens entwickelte Anwendungen (z.B. Care-App, famly, KigaRoo, nemborn, leandoo). Sie haben vor allem einen organisatorischen Schwerpunkt: die Dokumentation von An- und Abwesenheiten, Speiseplänen, Details zum Kind, Abholberechtigungen etc. Meist besteht auch die Möglichkeit, diese Informationen direkt mit den Familien zu teilen. Durch ihren Aufbau geben die Anwendungen eine Struktur der Dokumentation vor. Das schafft die Möglichkeit, schnell die relevanten Informationen zu den einzelnen Kindern, Gruppen oder tagesaktuelle News zu finden.

Pädagogische Dokumentation im Tagebuch

Ein Tagebuch im eigentlichen Sinne dient der Erinnerung. Darin finden Gedanken über besondere und gewöhnliche Ereignisse eines Tages Platz. Die Gestaltung hängt dabei stets vom Verfasser ab. Wie lässt sich das nun auf die digitale Dokumentation in der Kita übertragen?

Bei einem gewöhnlichen Tagebuch sind Aufbau und Struktur vollkommen frei und der Person, die das Tagebuch schreibt, überlassen. Im Unterschied dazu werden in einem Kita-Tagebuch die Inhalte zielgerichtet dokumentiert. Geht es zum Beispiel um die Erinnerungsfunktion der Dokumentation, so wird das Ziel verfolgt, nicht für eine einzelne Person, sondern eine Gruppe (Fachkräfte und/oder Kinder und/oder Familien) Eindrücke aus dem Alltag festzuhalten.

Eine oft genutzte Form ist auch hier der digitale Bilderrahmen oder ein Bildschirm im Eingangsbereich, auf dem eine Diashow mit aktuellen Fotos und/oder Videos durchläuft. Um das Ziel einer pädagogischen Dokumentation zu erreichen, müssen dazu die Fotos kontextual eingeordnet werden. Das kann schon mittels Bildüberschriften, Daten oder kurzen Kommentaren erreicht werden.

Eine weitere Möglichkeit, ein digitales Tagebuch zu erstellen, ist die Nutzung der Plattform TaskCards. Diese digitale Pinnwand bietet die Möglichkeit, Texte, Bilder und Videos einzustellen und nach selbst gewählten Kategorien anzuordnen. So können Sie verschiedene Spalten für die einzelnen Wochentage ebenso wie eine Einteilung nach bestimmten Projekten, Ereignissen oder auch Räumen in der Kita erstellen. Damit ist Ihre Dokumentation vorstrukturiert und Sie können sie auch mit Tipps und Anleitungen für die Familien zuhause ergänzen. Haben Sie zum Beispiel gemeinsam mit den Kindern in der Einrichtung gebacken, können Sie zusätzlich das Rezept einstellen, damit die Familien es ebenfalls ausprobieren können. Die Daten werden bei TaskCards DSGVO-konform bereitgestellt. Dennoch sollten Sie darauf achten, keine sensiblen Inhalte oder Bilder und Videos, auf denen die Kinder erkennbar sind, einzustellen.

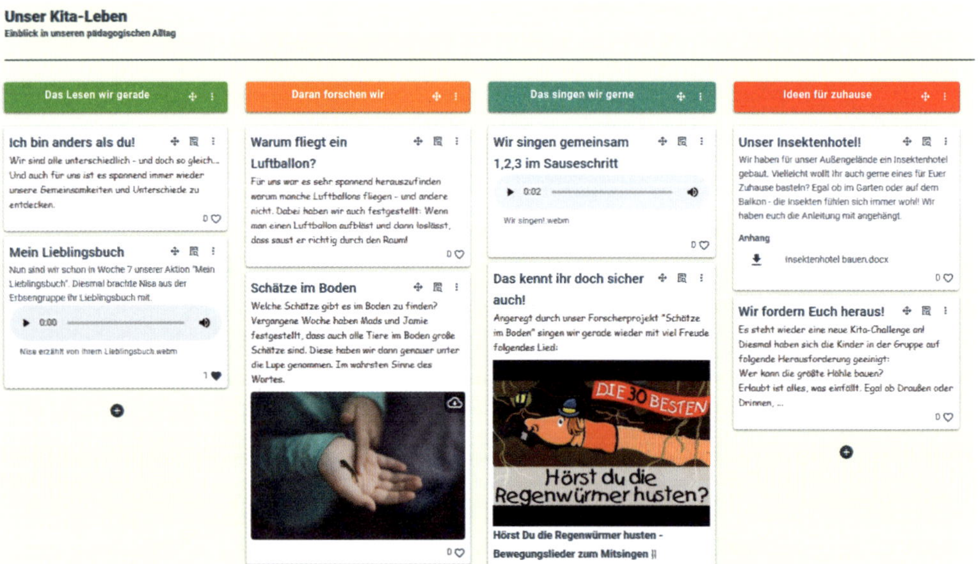

Clint McKoy www.unsplash.com, https://www.youtube.com/watch?v=7_TKaWHeQHo

Digitale Projektbücher

Digitale Bücher bieten sich auch für die Projektdokumentation an, da während des Prozesses an ihnen stetig weitergearbeitet werden kann. Mit Apps wie BookCreator (iOS) oder BookTraps (Android) können die Kinder Fotos aufnehmen und gemeinsam mit den Fachkräften digitale Buchseiten gestalten. Die Seiten lassen sich auch mit Videos und Sprachaufnahmen ergänzen, sodass die Kinder selbst über ihr Projekt berichten können.

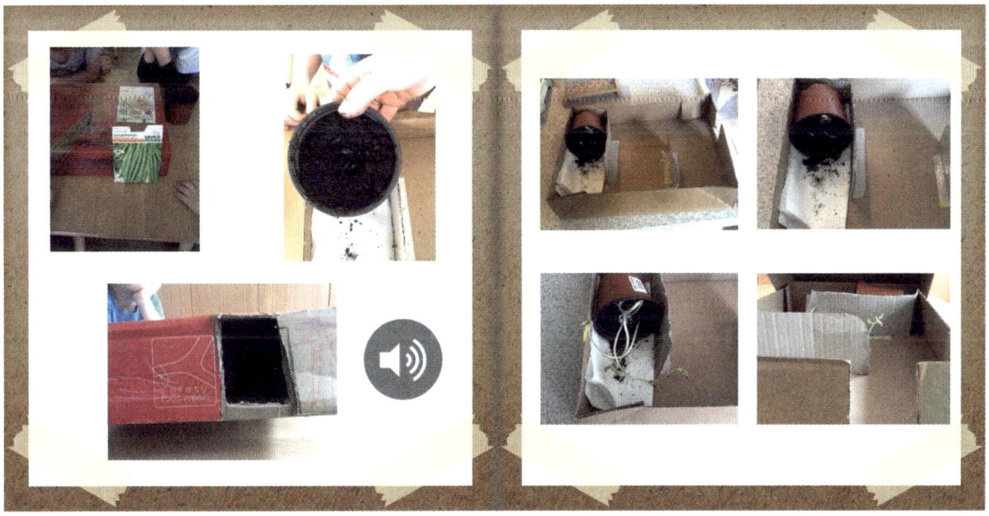

Fotos: © Marion Lepold

Das digitale Buch kann nach Abschluss des Projektes auch zur Präsentation genutzt werden. Wenn Sie das Tablet an einen Beamer anschließen, können die Kinder ihr Projekt anderen Kindern und Fachkräften aus der Einrichtung sowie ihren Familien vorstellen.

Das Kita-Buch

Sicherlich kennen Sie Freundesbücher, also Bücher, in denen sich verschiedene Personen anhand von vorstrukturierten Steckbriefen präsentieren. Analog dazu können Sie ein digitales Kita-Buch erstellen, in dem sämtliche Beschäftigte der Kita, also sowohl pädagogische Fachkräfte, Praktikant*innen als auch Küchenkräfte oder Hausmeister*innen, vorgestellt werden. Ebenso ist es denkbar, die Elternbeiratsmitglieder mit aufzunehmen.

Bei der gemeinsamen Gestaltung des Kita-Buchs können die unterschiedlichen Akteure in der Kita partizipieren (= Partizipationsfunktion). Die digitale Form, zum Beispiel auch über BookCreator oder BookTraps, ermöglicht, das Buch ohne viel Aufwand bei Personalwechsel zu aktualisieren. Ebenso kann die digitale Variante allen Adressaten (z.B. allen Familien) zur Verfügung gestellt werden.

Mit dem Kita-Buch schaffen Sie Transparenz. Die Familien, aber auch seltenere Besucher wie die Fachberatung, wissen direkt Bescheid, welche Person welche Aufgabe in der Kita hat (= Repräsentationsfunktion). Das hilft gerade auch Familien, die neu in der Kita sind, sich zu orientieren und schnell die richtigen Ansprechpartner*innen zu finden.

Fotos: © Austin Wade www.unsplash.com © Paulette Wooten www.unsplash.com

Kita-Zeitungen

Eine weitere Form, das Kita-Leben zu dokumentieren, ist die Kita-Zeitung. Dabei können Sie sich am Aufbau von bekannten (Tages-)Zeitungen orientieren. Überlegen Sie im Team oder auch gemeinsam mit den Kindern, welche Rubriken Sie benötigen: Was möchten Sie berichten? Welche Fotos werden benötigt? Wer übernimmt welche Aufgabe (Texte schreiben, Layout etc.)?

Wichtig ist natürlich auch die Frage, für wen die Kita-Zeitung erstellt wird. Im Sinne der Repräsentationsfunktion von Dokumentation wird ein strukturierter Einblick in das Kita-Leben gegeben. Das kann sich sowohl an die Familien als auch an eine breitere Öffentlichkeit richten.

Kita-Zeitungen können Sie in Word oder PowerPoint erstellen und dann als PDF-Datei exportieren. In diesem Fall werden die Zusammenstellung der Artikel und das Layout eher bei den Erwachsenen liegen. Dennoch können Sie die Kinder auch bei dieser Form einbinden, indem Sie gemeinsam Fotos aussuchen oder bei der Textgestaltung die Ideen und Gedanken der Kinder mit aufnehmen.

Wenn Sie gemeinsam mit den Kindern auch die Zeitung selbst erstellen möchten, dann bietet sich eine App wie BookCreator oder BooksTraps an. Hier können Sie direkt gemeinsam auf dem Tablet arbeiten. Zudem haben Sie vielfältigere digitale Möglichkeiten, da Videos und Sprachaufnahmen eingebunden werden können. So können die Kinder ganz einfach eigene Artikel einsprechen oder Videoreportagen einbinden. Eine digitale Zeitung, die aus Fotos, Videos und Sprachaufnahmen besteht, baut zudem Barrieren ab, da die Zeitung auch ohne Lesekompetenz rezipiert werden kann.

FUNKTIONSBEREICHE

Die unterschiedlichen Werkzeuge ermöglichen unseren Kindern nicht nur ihre Kunstwerke anzufertigen und ihre Kreativität auszuleben, sondern auch an ihrer Fein- und Grobmotorik zu arbeiten. Dazu kommen der Umgang und das individuelle Experimentieren mit den unterschiedlichen Werkzeugen.

Es ist nicht immer so leicht, eine Zahnbürste voller verdünnter Farbe an einem Sieb zu reiben und noch währenddessen daran zu denken, das Sieb und die Zahnbürste über das Blatt zu halten. Mal entstehen Spritzer auf dem Blatt und mal einige auf der Haut. Manche Kinder tauchen gerne das Sieb in die verdünnte Farbe ein und mit einem kräftigen Schlagen des Siebs auf das Papier schlagen sie die Farbe aus dem Sieb heraus. Tja, einiges an Farbe landet tatsächlich auf dem Papier und hinterlässt eine tolle Spur. Doch das Meiste davon landet auf dem Boden, irgendwo auf dem Körper und mal auch auf der Kleidung; und all das trotz Maler-T-Shirt oder Kittel. Doch wichtig ist, dass unsere Kinder Spaß daran haben, oder?

MAL ENTSTEHEN SPRITZER AUF DEM BLATT UND MAL EINIGE AUF DER HAUT.

Ziemlich knifflig ist es, mit einer Pipette zu arbeiten. Als erstes die Pipette in die Wasserfarbe eintauchen, einmal den Kopf der Pipette gut zudrücken und loslassen! Die flüssige Farbe

87

AUS DEN GRUPPEN

Hier fiel uns wieder das Fell der Giraffe auf. Auch die Muster unterschieden sich bei den Giraffen. Das Fell war sehr interessant für die Kinder, also wollten wir das Thema weiterverfolgen.

Beim nächsten Morgenkreis haben wir eine große Kiste mitgebracht, die mit einer Decke umhüllt war. In der Kiste waren unterschiedliche Tücher in verschiedenen Farben. Zusammen haben wir uns die Tücher angeschaut und die Farben benannt. Als wir uns die Tücher genauer angeschaut haben, haben wir gemerkt, dass manche ein Fell haben. Ein paar Kinder haben gefragt: ***„Ist das von der Giraffe?“***. Das Fell hat sich zumindest so angefühlt. Die Farben der Tücher wurden von den Kindern richtig benannt: Gelb, Braun, Schwarz, Weiß und Orange. Diese Tücher würden wir beim nächsten Morgenkreis gebrauchen.

In diesem Morgenkreis wollten wir die Tücher des letzten Morgenkreises benutzen, um ein Giraffenfell nachzulegen. Mithilfe des Buches haben wir uns die Felle der Giraffen noch einmal angeschaut. Wir konnten zwei Felle legen: ein gelbes Fell mit braunen Flecken und ein weißes Fell mit dunkelbraunen Flecken. Weil die Kinder beide Felle gleichzeitig

IN DIESEM MORGENKREIS WOLLTEN WIR DIE TÜCHER BENUTZEN, UM EIN GIRAFFENFELL NACHZULEGEN.

161

Quelle: Gezwitscher im Kindergarten, Ausgabe 17/2021, des Kindergarten St. Franziskus im Kirchtal in Benningen

4.3 Blogs & Podcasts

Klassischerweise kennt man Blogs und Podcasts als Medien, in denen die Autor*innen ihre Gedanken festhalten – mit dem Ziel, die Ideen an andere Personen weiterzutragen, sowohl zur Information als Interaktionsimpuls oder auch einfach zu Unterhaltungszwecken. Blogs und Podcasts bestehen in der Regel aus einer Aneinanderreihung mehrerer Beiträge und werden sukzessive erweitert. Nun stellt sich die Frage, welche Rolle Blogs und Podcasts in einer Kindertageseinrichtung spielen können.

Die meisten Kita-Blogs und Kita-Podcasts verfolgen das Ziel, den Familien der Kinder Einblick in das Tagesgeschehen zu geben. Besondere Momente aus dem Alltag werden berichtet oder Projekte vorgestellt (= Repräsentationsfunktion). Blogs und Podcasts können sowohl intern als auch extern im Zuge der Öffentlichkeitsarbeit genutzt werden. Hier bietet es sich an, die Einträge auf der Kita-Homepage einzubinden.

Wie mache ich einen Podcast?

Die Aufnahme eines Podcasts unterscheidet sich nicht wirklich von einer Sprachaufnahme im Kita-Alltag. Sie können dazu auch die bekannten Sprachaufzeichnungs-Apps oder PC-Programme nutzen. Jedoch sollten Sie bei einem Podcast ein größeres Augenmerk auf die Klangqualität legen. Dafür empfehlen sich spezielle Mikrofone, die Sie entweder an das Tablet oder an Ihrem Laptop anschließen können. Es gibt eine große Auswahl an Mikrofonen in verschiedenen Preissegmenten. Eine kleine Internetrecherche, welche Mikrofone für Podcasts aktuell empfohlen werden, ist in jedem Fall empfehlenswert.

Interne Veröffentlichung

- Als Datei in einem gesicherten Laufwerk hochladen
- In einem geschützten Bereich auf der Kita-Homepage hochladen

Externe Veröffentlichung

- Auf der Kita-Homepage frei zugreifbar einstellen
- Bei einem Streaming-Dienst (z.B. Spotify) einen Account anlegen und die Dateien hochladen

Für Blogs und Podcasts bieten sich die verschiedensten Themen an. Eine Möglichkeit, die eng mit den Aspekten eines digitalen Tagebuchs zusammenhängt, sind Interviews mit Kindern oder auch Kolleg*innen, die das Kita-Leben aus ihrer individuellen Perspektive schildern. Nach dem Motto: „Ein Tag in meinem Kita-Leben!" Dies bringt die interviewte Person ins Reflektieren. Zudem ist es spannend, einen Einblick in die Wahrnehmung des Kita-Alltags von verschiedenen Erwachsenen und Kindern zu erhalten. Diese Form eröffnet den Zuhörern neue Perspektiven (= Erkenntnisfunktion). Die Interviews können Sie anschließend verschriftlichen oder die Aufnahme direkt veröffentlichen.

Der Einblick in das Kita-Leben kann auch in einem bestimmten Rahmen stattfinden. So können die Kinder von Ereignissen aus ihren Gruppen oder im offenen Konzept von besonderen Momenten aus den verschiedenen Räumen erzählen. Frei nach dem Motto: „Neues aus ...!" Natürlich können auch die pädagogischen Fachkräfte allein oder gemeinsam mit den Kindern Kurzberichte verfassen.

Projekte können durch einen eigenen Blog oder Podcast begleitet werden. Hier werden verschiedene Podcast-Folgen zu den einzelnen Prozessschritten erstellt. Ein Podcast eignet sich besonders dann, wenn die Kinder ihre Gedanken direkt hörbar dokumentieren sollen. Ein Blog ist ein nützliches Medium, wenn Sie vor allem viel mit Bildern arbeiten möchten. Auch hier bietet sich die chronologische Reihung verschiedener Blogbeiträge an, um die einzelnen Prozessschritte gut nachvollziehbar darzustellen (= Erinnerungsfunktion).

Frei nach den verschiedenen Ausrichtungen von klassischen Blogs und Podcasts können Sie den Austausch mehrerer Kinder zu einem Thema dokumentieren. Die Dokumentation solch eines Gesprächs kann Ihnen einen Einblick in die Gedankenwelt der beteiligten Kinder geben (= Erkenntnisfunktion). Je nach Alter und Kommunikationsfähigkeit der Kinder ist es hilfreich, das Gespräch durch gezielte Fragen zu steuern. Eine Orientierung an dem Konzept „Mit Kindern im Gespräch" (Kammermeyer et al. 2017) empfiehlt sich, um denk- und gesprächsanregende Fragen zu formulieren. Die Podcasts können im Anschluss gemeinsam im Team unter verschiedenen Fragestellungen (z.B. Deutungen der Kinder, Sprachverstehen) reflektiert werden. Ergebnisse der Reflexion werden dann als neue Aktivitäten oder veränderte Rahmenbedingungen in den pädagogischen Alltag einfließen (siehe Kapitel 7).

Doch nicht nur die Kinder, sondern auch deren Familien können an der digitalen Dokumentation mittels Blogs und Podcasts partizipieren. Ein Bericht von der Eingewöhnung aus Elternperspektive fördert nicht nur die Zusammenarbeit mit den Familien, sondern ist auch ein hilfreiches Dokument für andere Eltern. Der Perspektive anderer Eltern kann in unsicheren Situationen unterstützen, die Familien können sich gegenseitig Tipps geben. Zudem erkennen sich die Eltern in mancher geschilderten Situationen wieder, was Verbundenheit schafft und die Gemeinschaft stärkt. In jedem Fall regen Blogs und Podcasts auch immer den Austausch untereinander an (= Kommunikationsfunktion).

Räumliche und zeitliche Grenzen überschreiten

Im Sinne der Repräsentationsfunktion von Dokumentation können Sie Ihren Podcast auch mit anderen Kitas teilen oder sich in einem Podcast mit Kindern einer anderen Kita zu deren Alltag oder Projekten austauschen. Dies öffnet den Kindern, aber auch den pädagogischen Fachkräften neue Perspektiven. Da sich die Nutzer digital verbinden, spielen räumliche Distanzen keine Rolle. Auch der Austausch mit Kitas aus anderen Ländern wird auf diese Weise möglich. Aufgrund der Zeitverschiebung bietet sich hier möglicherweise eher an, Aufzeichnungen auszutauschen als einen gemeinsamen Podcast-Beitrag aufzuzeichnen.

5.
Rollen der Kinder in der digitalen Dokumentation

In diesem Kapitel erfahren Sie

- welche Bedeutung die Partizipation der Kinder bei der digitalen Dokumentation hat
- wie die Kinder an der digitalen Dokumentation aktiv teilhaben können
- welche unterschiedlichen Rollen sie dabei einnehmen

Kinder haben ein Recht auf Beteiligung, das unter anderem in Artikel 12 der UN-Kinderrechtskonvention und im Sozialgesetzbuch (§ 8 Abs. 1 SGB VIII) festgehalten ist. Für die pädagogische Praxis bedeutet dies, dass jedes Kind das Recht auf Beteiligung in allen Angelegenheiten hat, die es betreffen. Dazu muss die Meinung des Kindes angemessen und entsprechend seines Alters und seines Entwicklungsstandes Berücksichtigung finden (vgl. Maywald 2020, S. 425ff.). In den Kita-Gesetzen und Bildungsplänen der einzelnen Bundesländer wird dieses Recht der Kinder auf Beteiligung noch konkreter für den Bereich der Kindertagesstätten formuliert.

Auf die Beobachtung und Dokumentation bezogen, ergibt sich damit die aktive Teilhabe der Kinder. Durch die Partizipation der Kinder an ihrer eigenen Dokumentation werden sie vom Objekt der Beobachtung zum mitgestaltenden Subjekt. Das Kind ist nicht mehr passiv, sondern aktiver Gestalter. Durch die Beteiligung am Entwicklungsprozess erfahren sich die Kinder als kompetente und aktive Persönlichkeiten, die ihr Lernen und Entdecken mitgestalten. Die spielend leichte Bedienung der neuen Medien, aber auch die einfache Einbindung ins Gruppengeschehen ermöglichen es den Pädagog*innen, eine partizipative Dokumentation in ihrer Einrichtung zu leben.

Lassen Sie die Kinder zu (Mit-)Autor*innen ihrer eigenen Dokumentation werden.

Die niederschwelligste Art, Kinder an der Dokumentation zu beteiligen, ist die Einbindung in die Auswahl der Medien, die aufgenommen werden sollen. Gehen Sie mit den Kindern in den Dialog. Befragen Sie die Kinder, welche Fotos oder Aufzeichnungen für sie Bedeutung haben. Erfragen Sie auch das Warum. Nur so können die Perspektive der Kinder und deren Interpretation einer Situation einfließen. Aufgabe der pädagogischen Fachkraft ist es dabei, die Balance zu halten. Die Dokumentation soll alle unterschiedlichen Sichtweisen vereinen. Auch Ihre Sichtweise als pädagogische Fachkraft hat eine wichtige Bedeutung für die Dokumentation, denn Sie blicken mit einem anderen Fokus auf Situationen. Erläutern Sie den Kindern, warum Sie einzelne Medien aufnehmen möchten und erweitern Sie so die Perspektive jedes Kindes. Diese Form der Beteiligung kann bereits mit sehr jungen Kindern begonnen werden. Die Kinder können so verschiedene Rollen bei der Partizipation an der Dokumentation einnehmen.

5.1 Die Rolle als Fotograf*in

Digitale Medien erleichtern allein durch den Abbau von (technischen) Hürden den Kindern die aktive Beteiligung an der digitalen Dokumentation. Durch die integrierten und leicht zu bedienenden Funktionen im Tablet können die Kinder einfach an die Benutzung der Kamera oder die Aufzeichnungsanwendung herangeführt werden. Besprechen Sie dabei mit den Kindern auch die Regeln, die dafür bei Ihnen in der Einrichtung gelten (siehe auch Kapitel 3.1).

In der Rolle des/der Fotograf*in hat das Kind die Aufgabe, Dinge, Personen oder Situationen aus der eigenen Perspektive festzuhalten. Die Aussagekraft dieser Aufnahmen entsteht allein durch den spezifischen Blickwinkel des Kindes. Die Fotos ermöglichen den pädagogischen Fachkräften, die Welt ein Stück weit mit den Augen des Kindes zu sehen.

Gleichzeitig ist es in der Rolle als Fotograf*in wichtig, zielgerichtete Aufnahmen zu machen. Die Kinder entwickeln in dieser Rolle ein Gefühl für die Aussagekraft von Fotos. Doch das kann nur dann funktionieren, wenn die Kinder auch über das Wesen des jeweiligen Dokumentationsverfahrens Bescheid wissen. Aufgabe der pädagogischen Fachkräfte ist es deshalb, die Kinder über die verschiedenen Formen der Dokumentation mittels Fotos aufzuklären.

Am besten gelingt dies, wenn die pädagogischen Fachkräfte den Kindern an konkreten Beispielen aufzeigen, zu welchem Zweck Fotos aufgenommen wurden. So können Sie anhand eines Portfolios zeigen, dass das Foto einen besonderen, wichtigen Moment für das Kind abbildet. Ebenso können sie mit den Kindern besprechen, warum welches Fotos mit eingebunden wurde.

> „Schau mal, Frau Haika! Ich will ein Bild von meinem Bauernhof! Schau mal, wie ich den gemacht habe. Der muss auf jeden Fall in unsere Zeitung." – „Warum möchtest du denn den Bauernhof gerne in der Zeitung haben?" – „Weil es noch nie soooo einen großen Bauernhof gab. Und ich hab so lange gebraucht, um die ganzen Tiere zu machen." – „Das glaube ich dir. Da sieht man, dass du dir richtig viel Mühe gegeben hast. In unserer Zeitung ist aber das nächste Thema ´Sport und Bewegung´. Da passt das nicht so gut. Aber ich sehe, dass für dich das Thema sehr wichtig ist. Meinst du nicht, dass ein Foto von deinem Bauernhof gut in dein Portfolio passt? Dann kannst du auch gleich dazu erzählen, wie du es geschafft hast, diesen großen Bauernhof zu machen."

Die pädagogische Fachkraft geht hier direkt mit dem Kind ins Gespräch, um herauszufinden, warum es ein Foto machen möchte. Am Beispiel erläutert sie, für welchen Zweck sich diese Aufnahme eignet. In der pädagogischen Praxis ergeben sich Momente, in denen die pädagogischen Fachkräfte mit den Kindern, aber auch die Kinder untereinander über den Zweck von Aufnahmen sprechen und diskutieren, immer wieder. Gerade bei sprechenden Wänden oder der Projektdokumentation ist es wichtig, dass sich die Kinder darüber abstimmen, mit welchen Fotos sie ihre Erkenntnisse festhalten wollen. In der einfachen Handhabe der Aufnahmen mittels digitaler Medien steckt nämlich die Gefahr, eine Flut an Fotos aufzunehmen. Hier ist die Abstimmung über die Aussagekraft der Aufnahmen von Bedeutung. Zudem hilft es, wenn sich pädagogische Fachkräfte immer wieder ins Bewusstsein rufen: Die Kinder lernen am Vorbild! Wenn sie selbst einen bewussten und zielgerichteten Umgang mit Fotoaufnahmen vorleben, so wird es den Kindern leicht gelingen, dies auch zu tun.

Diese gelebte Partizipation der Kinder hat noch einen zusätzlichen Mehrwert: Ganz automatisch wird dadurch alltagsintegriert die Medienkompetenz der Kinder gefördert. Darin steckt vor allem auch die Chance, dass alle Kinder – egal, welche Mediensozialisation sie von zuhause aus haben – den gleichen Zugang zu Medien erhalten. Sie dürfen die digitalen Medien nutzen und erleben sie dabei als Arbeitswerkzeug, das gebraucht und auch wieder weggelegt wird (mehr zum Thema: Lepold & Ullmann 2019).

5.2 Die Rolle als Erzähler*in

Für die individuelle Dokumentation zu einem einzelnen Kind ebenso wie für die Alltagsdokumentation kann die Beteiligung der Kinder über das Erzählen erreicht werden. Hierbei ermöglichen Sprachaufnahmen, dass die Erzählungen eines Kindes nicht durch die pädagogischen Fachkräfte verschriftlicht werden müssen, sondern unmittelbar festgehalten werden. Die Perspektive des Kindes aus erster Hand zu hören ist ein Aspekt, warum Sprachaufnahmen dem individuellen Erleben der Kinder gerecht werden.

Zusätzlich sind Sprachaufnahmen durch die Stimmfarbe, das Sprechtempo und den Gedankenfluss des Kindes nochmals aussagekräftiger. Sprachaufnahmen ermöglichen, die Begeisterung eines Kindes direkt herauszuhören. Man kann hören, was ein Kind besonders erstaunt hat. Man hört, wenn etwas ein Kind nachdenklich gestimmt hat. Man kann direkt hörbar miterleben, wie sich Gedanken und Zusammenhänge im Kopf eines Kindes aufbauen. Gerade weil Kinder keine professionellen Sprecher*innen sind, sind Sprachaufnahmen eine sehr persönliche Möglichkeit der pädagogischen Dokumentation.

Dadurch erschließt sich, dass Sprachaufnahmen auch mit Kindern sinnvoll sind, die sich noch in den Sprachanfängen befinden. Denn gesprochene Sprache besteht nicht nur aus grammatikalisch korrekten und vollständigen Sätzen, sondern aus sämtlichen Mitteln, die uns unsere Stimme mitgibt.

In Calvins Gruppe war heute ein Hundetrainer mit seinem Hund zu Besuch. Um seiner Familie und anderen Kindern zu erzählen, wie er diesen Besuch erlebt hat, nimmt Calvin eine Sprachaufnahme auf: „Da war die Leika ...Und dann ... puh ... so immer im Kreis ... aber ... weil, wenn der dann so den Finger hoch ... und dann ... STOPP! ... hmmm ... dann hab ich gestreichelt ... ganz brav ...hmmm ...“ Während Calvin seine Erlebnisse schildert, hört man ihn auf der Aufnahme immer wieder vor Aufregung laut und schnell atmen, man hört das nachdenkliche Lächeln in seiner Stimme. Man hört seine Denkpausen und dann wieder das schnelle Sprechtempo, wenn er sich die nächste Situation ins Gedächtnis ruft. So kann man – auch ohne ausformulierte Sätze und viele gesprochene Worte – Calvins Eindrücke und sein Erleben sehr gut nachempfinden.

Werden Sprachaufnahmen zur Dokumentation in einer Einrichtung genutzt, beschäftigen sich pädagogische Fachkräfte und die Kinder automatisch mit dem bewussten Sprechen. Allein durch die Tatsache, dass der Aufnahmeknopf ein Signal zum Start und zum Ende einer Erzählung gibt, wird diese als geschlossene Einheit wahrgenommen.

Aufgrund des zielgerichteten Charakters der Dokumentation erfordern Sprachaufnahmen ein bewusstes Erzählen. Das Kind überlegt sich, was es gerne mitteilen möchte und macht dies seiner Sprachkompetenz entsprechend. Das wiederum erfordert Ruhe und Konzentration. Einerseits, um beim Kern des Themas zu bleiben. Andererseits, damit die Zuhörer*innen auch folgen können. Wird das Erzählte zudem aufgenommen, wird der Aspekt der Verständlichkeit noch einmal wichtiger, da Mimik und Gestik wegfallen. Die Verständlichkeit wird dabei nicht nur durch das deutliche Sprechen unterstützt, sondern auch durch logisch stringentes Erzählen.

Toni möchte verschiedene Elemente der digitalen sprechenden Wand besprechen. Er weiß, dass er nur 30 Sekunden pro Element zur Verfügung hat. Darum muss er sich vorab überlegen, was er sagen möchte. Er drückt auf Aufnahme und spricht sehr schnell, da er weiß, dass die 30 Sekunden rasch vorbei sind. Als er sich seine Aufnahme wieder anhört, kommt Carlotta dazu: „Was sagst du denn da? Da versteht man ja gar nichts.“ Toni merkt, dass er zu schnell gesprochen hat, und versucht es noch einmal. Er drückt auf Aufnahme und fängt an zu sprechen, während Carlotta die herumstehenden Töpfe hin- und herschiebt. Beim erneuten Abspielen der Aufnahme kann man Toni wegen dieses klappernden Geräusches kaum verstehen. „Oh, Entschuldigung! Ich bin das nächste Mal ganz ruhig“, sagt Carlotta.

Bei Dokumentationen mittels Sprachaufnahmen lernen Kinder nicht nur, deutlich und bewusst zu sprechen, sondern auch Rücksicht aufeinander zu nehmen. Schließlich soll die Aufnahme nicht gestört werden. Zudem ist Zuhören im sozialen Miteinander eine wichtige Fähigkeit, die bei den beteiligten Kindern durch diese Form der Dokumentation gefördert wird (vgl. Roboom 2019a, S. 29f.).

5.3 Die Rolle als Reporter*in

Eine Reportage ist die Darstellung eines Ereignisses, bei dem Fakten geschildert und durch die Eindrücke der Reporter*innen ergänzt werden. Die Aussage und Aussagekraft einer Reportage hängen vom Ziel der Reporter*innen ab. Eine gemeinsame Reportage zu machen erfordert deshalb Planungskompetenz: Was wollen wir darstellen? Für wen machen wir die Reportage? Was müssen wir dazu aufzeichnen? Müssen wir dafür etwas vorbereiten? Brauchen wir weitere Erklärungen? Wer kann die Aufzeichnungen machen? Wer kann berichten? Brauchen wir sonst noch etwas?

Reportagen gibt es in reiner Textform sowie multimedial aufbereitet. Nutzt man in der Kindertageseinrichtung für Reportagen digitale Medien, so können die Kinder wesentlich einfacher als Reporter*innen agieren, da sie keine Lese- und Schreibkompetenzen benötigen.

Zum einen gilt es, zielgerichtete Aufnahmen zu machen, die später in der fertigen Reportage die Schilderungen visuell unterstützen. Zum anderen ist es hilfreich, die Gedanken und Eindrücke direkt in der Situation oder zeitnah danach festzuhalten, um diese später in die Reportage einfließen zu lassen. Solche Vermerke können die Kinder zum Beispiel als Sprachmemo aufnehmen. Diese Aufnahmen hören die Kinder zu einem späteren Zeitpunkt dann nochmals an und entscheiden, welche dieser Gedanken in die Reportage aufgenommen werden soll.

Als Reporter*in nehmen die Kinder auch ein Stück weit die Aufgabe als Kameramann/-frau wahr. Hier lernen sie, ähnlich wie in der Rolle als Fotograf*in, zielgerichtete Aufnahmen anzufertigen. Das bewegte Bild bringt die Herausforderung mit sich, dass man die Kamera auch mitführen muss, um Dinge im Bild zu behalten.

Heute wird eine Reportage bei der Feuerwehr gedreht. Aris und Dilay übernehmen die Rollen des Kameramanns und der Kamerafrau. Zunächst werden den Kindern die Schläuche vorgeführt. Dilay möchte die Düse und die Anschlüsse der Schläuche später ganz genau zeigen und macht dafür Detailaufnahmen. Aris filmt währenddessen die Feuerwehrfrau dabei, wie sie die einzelnen Dinge erklärt, damit sie später auch die Erklärungen für ihre Reportage haben.
Ein wenig später geht es hinaus in den Garagenhof. Jetzt dürfen sie das große Feuerwehrauto mit der Drehleiter anschauen. Aris möchte es unbedingt ganz auf das Bild bekommen. Dabei merkt er, dass er großen Abstand nehmen muss, damit das Auto

auch wirklich komplett sichtbar ist. Und jetzt wird die Drehleiter ausgefahren. Das bekommt er nun wirklich nicht mehr alles auf sein Bild. Darum schwenkt er nun das Tablet nach oben, um auch die Leiter zu zeigen.
Und jetzt wird es besonders spannend! Die Kinder dürfen zusehen, wie ein Feuer gelöscht wird. Jetzt ist es natürlich besonders wichtig, die Kamera gut zu positionieren, damit man sehen kann, wie die lodernden Flammen immer weniger werden, bis sie schließlich weg sind. Denn diesen Teil können sie nicht noch einmal drehen! Mit Thore hat Dilay vorab ausgemacht, dass er den Löschvorgang kommentiert. Jetzt in der Situation merken sie, dass das Löschen viel lauter ist als gedacht. Thore versucht zwar, ganz laut zu sprechen, aber sie stellen fest, dass das wahrscheinlich nur schwer zu hören sein wird.

Neben der Planung vorab erfordert das Durchführen einer Reportage auch Flexibilität im Moment selbst. Wenn Dinge nicht so klappen, wie man sie sich vorgestellt hat, dann muss man sich andere Wege suchen. So finden Thore und Dilay im Nachhinein gemeinsam mit der pädagogischen Fachkraft die Möglichkeit, eine Sprachaufnahme aufzunehmen und in einem Schnittprogramm (z.B. iMovie) einfach auf dem Tablet an der passenden Stelle zur Aufnahme hinzuzufügen. Flexibilität braucht es zudem, um auch auf unvorhergesehene Dinge reagieren zu können. Dabei ist es immer hilfreich, wenn die Aufgaben vorab auf mehrere Kinder aufgeteilt werden, damit sich diese dann auch gegenseitig unterstützen können. Somit fördern Planung und Durchführung der Reportage nicht nur die Medienkompetenz, sondern auch die Kooperations- und Teamfähigkeit der Kinder.

Bei der finalen Zusammenstellung der Video- und Sprachaufnahmen können Schnittprogramme wie iMovie genutzt werden. Hier empfiehlt es sich, wenn die pädagogischen Fachkräfte gemeinsam mit den Kindern die Aufnahmen zu einem Film zusammenfügen. Die Reportage kann als alleinstehende Dokumentation genutzt werden oder auch Teil eines Projektbuches oder der Alltagsdokumentation werden.

5.4 Die Rolle als Forscher*in

Bei der Dokumentation eines Forschungsprozesses fokussieren sich die Kinder auf die relevanten Prozessschritte und Ergebnisse. Es geht darum, durch die Dokumentation die Abläufe und Erkenntnisse eines Forschungsprojekts nachvollziehen zu können, um diese zur Grundlage weiterer Reflexionen zu machen. Auch hier eröffnen digitale Medien ein breites Spektrum an Möglichkeiten, um die Kinder die Rolle als Forscher*innen einnehmen zu lassen.

Für eine*n Forscher*in ist es wichtig, sowohl den Blick für das Detail als auch auf das große Ganze bzw. den Gesamtprozess zu haben.

In der Kita-Gruppe findet derzeit das Forscherprojekt „Seifenblasen“ statt. Dafür gilt es zunächst zu klären: Aus was bestehen eigentlich Seifenblasen? Und in welchem Verhältnis müssen wir die Zutaten mischen?
Die Kinder fotografieren zunächst die einzelnen Zutaten: Zucker, Seife, Wasser und Zahnpasta. Sie bilden immer die Menge der einzelnen Komponenten ab und vergleichen dann ihre Seifenblasen. Dazu filmen sie sich gegenseitig beim Versuch, die Blasen zu machen. Die Videos ordnen sie den Fotos mit den Zutaten zu. So können sie jederzeit wieder nachvollziehen, welche Mischung die beste war.
Nachdem sie die beste Mischung gefunden haben, wollen sie mehr über die Farben der Seifenblase herausfinden. Aber so schnell können sie die Farben gar nicht zählen, ehe die Seifenbasen wieder platzen. Also holen sie sich die Kamera und filmen die Seifenblase. Es ist gar nicht so einfach, die Blase, die davonfliegt, gut mit der Kamera einzufangen. So kommen sie auf die Idee, das Tablet auf ein Stativ zu stellen und die Seifenblasen dann direkt zur Kamera zu pusten. Nach ein paar Versuchen merken die Kinder, dass man die Farben der Seifenblase besser sieht, wenn viel Licht auf die Seifenblase fällt und man einen dunklen Hintergrund hat.
Die Aufnahmen sehen sich die Kinder dann gemeinsam an, indem sie das Tablet an einen Beamer anschließen. Dort können Sie nun ihren kleinen Seifenblasen-Film jederzeit anhalten und das Bild groß ziehen. So können sie die einzelnen Farben im Detail betrachten. Außerdem entdecken sie plötzlich, dass man in der Seifenblase auch Menschen erkennen kann – nämlich sie selbst. Alle Ergebnisse halten sie in ihrem Forscherbuch fest. Sowohl die Fotos als auch die Videos und ihre Erkenntnisse per Sprachaufnahme.

Solch ein Forscherbuch kann zum Beispiel mithilfe der App BookCreator oder BookTraps erstellt werden. Dabei dienen die Aufnahmen nicht nur der Dokumentation des Forschungsprozesses. Die Aufnahmen und die Auseinandersetzung damit können auch Teil des Prozesses sein. So können die Kinder mithilfe der Vergrößerung der Bilder Details in den Seifenblasen erkennen und herausfinden, dass diese auch spiegeln. Ebenso haben Sie mit Lichteinfall und Positionierung der Kamera experimentiert.

Eine weitere Möglichkeit für die Dokumentation als Forscher*in sind Zeitraffervideos (siehe auch Kapitel 5.1). Der Gedanke hierbei ist, Abläufe zu beschleunigen, um die Veränderung bewusster wahrzunehmen, die sich sonst über einen langen Zeitraum hinweg erstreckt. Man kann das Wachstum einer Pflanze Tag für Tag fotografieren und – je nach Pflanze – nach einigen Tagen oder Wochen die Bilder zum Beispiel mittels iMovie hintereinander abspielen. Dadurch kann das Wachsen der Pflanze nochmals nachvollzogen werden. Ein weiteres geeignetes Mittel bei der Dokumentation von Forschungsprojekten sind Mikroskope und Teleskopkameras, die man an das Tablet anschließen kann. So können auch gut Detailaufnahmen gemacht werden.

Tonaufnahmen können ebenfalls sehr hilfreich sein. Bei einem Waldtag nehmen die Kinder zum Beispiel die Waldgeräusche auf und, zurück in der Kita, überlegen sie, was sie alles hören können.

In ihrer Rolle als Forscher*innen finden die Kinder im Rahmen der digitalen Dokumentation bei Forschungsprojekten neben dem Projektinhalt auch immer wieder neue Dinge über die Dokumentationsvarianten und die Nutzung digitaler Medien heraus: Wie halte ich meine Beobachtungen am besten fest? Wie helfen mir Fotos, Videos und Sprachaufnahmen, meinen Prozess nachzuvollziehen? Wie können mir digitale Medien dabei helfen, noch mehr Erkenntnisse zu erzielen?

Je nachdem, ob ein einzelnes Kind als Forscher unterwegs war oder mehrere Kinder gemeinschaftlich gearbeitet haben, fließen die Ergebnisse zum Beispiel ins Portfolio oder in die Alltagsdokumentation ein.

6. Zusammenarbeit mit Familien durch digitale Dokumentation stärken

In diesem Kapitel erfahren Sie

- wie die Zusammenarbeit mit Familien durch digitale Dokumentation gestärkt wird
- warum digitale Dokumentation Transparenz und damit mehr Vertrauen schafft
- wie Familien sich an der digitalen Dokumentation beteiligen können

Eltern sind die Experten für ihr Kind. Sie prägen durch ihre Erziehungsmethoden sowie ihre Beziehung zum Kind dessen Entwicklung maßgeblich. Sobald ein Kind eine Kindertageseinrichtung besucht, kommen die pädagogischen Fachkräfte als weitere bedeutsame Personen für die Entwicklung des Kindes hinzu. Kindertageseinrichtungen haben dabei die Aufgabe, mit Blick auf die Lebenswelt des Kindes und dessen Familie die Erziehung und Bildung zu unterstützen und zu ergänzen. Die Eltern sind an wesentlichen Entscheidungen, die das Kita-Leben betreffen, zu beteiligen. Eine solche partnerschaftliche Zusammenarbeit zwischen Eltern und pädagogischen Fachkräften birgt wertvolles Potenzial für die kindliche Entwicklung. Wichtiger Bestandteil einer gelingenden Bildungs- und Erziehungspartnerschaft ist ein dialogischer und transparenter Austausch zwischen pädagogischen Fachkräften und der Familie. Die verschiedenen digitalen Möglichkeiten der pädagogischen Dokumentation bieten niederschwellige und vielseitige Wege, um Familien in den Kita-Alltag aktiv miteinzubeziehen.

6.1 Transparenz durch digitale Dokumentation

Wird eine gelingende Zusammenarbeit mit den Eltern angestrebt, braucht es auch entsprechende Möglichkeiten der Beteiligung für die Eltern. Partizipation baut auf einem offenen Dialog auf, der dann entstehen kann, wenn sich die Einrichtungen den Familien gegenüber öffnen, ihnen Einblick in den Kita-Alltag geben und die zugrunde liegenden Strukturen transparent machen. Damit die Eltern Vertrauen gewinnen können, braucht es Momente, die ihnen einen transparenten Einblick in das Leben ihres Kindes in der Kita geben. Digitale Dokumentation ermöglicht im Hinblick auf diese Aspekte neue Wege in der Zusammenarbeit mit Familien.

> Partizipation der Eltern schafft Transparenz. Und Transparenz stärkt die vertrauensvolle Zusammenarbeit.

Fotos oder Videosequenzen gezielt teilen

Die Beteiligung der Eltern wird durch digitale Medien auf verschiedenen Ebenen vereinfacht. Ein erster Schritt kann sein, die Eltern durch das gezielte Teilen von (kommentierten) Fotos oder Videos am Kita-Geschehen teilhaben zu lassen. Mittlerweile gibt es verschiedene Software-Anbieter, die sich auf diese Art der Elternkommunikation spezialisiert haben. Doch kann auch schon das Senden von Fotos via E-Mail oder das Teilen von Fotos über ein gesichertes Online-Laufwerk, zu dem die Eltern passwortgeschützte Zugänge erhalten, viel zur Transparenz beitragen und das Vertrauen der Eltern in die Zusammenarbeit stärken.

Wählen Sie beim Teilen von Fotos, Videos und sensiblen Informationen einen geeigneten Kanal. Facebook und WhatsApp sind hier kein guter Weg, da die übermittelten Daten nicht geschützt sind und von den Anbietern genutzt werden können.

Die Möglichkeit, Bilder oder auch Videosequenzen direkt an die Eltern zu senden, hat verschiedene Vorteile. Zum einen bleibt den Eltern in Bring- und Abholsituationen oft wenig Zeit, sich in Ruhe Aushänge und Plakate anzusehen. Wenn sie jedoch Eindrücke vom Kita-Alltag digital erhalten, können sie sich informieren, sobald sie genügend Ruhe bzw. Zeit dafür haben. Zudem können sie die Informationen nochmals gemeinsam mit ihrem Kind ansehen. Kleine Einblicke werden dadurch auch zu Gesprächsanlässen im Familienumfeld. Gerade bei Kindern, die von sich aus nicht viel vom Kita-Alltag erzählen (können), haben die Eltern Ansatzpunkte, ihr Kind gezielt auf ein Erlebnis anzusprechen und es so ins Erzählen zu bringen. Zum anderen erhalten auch Elternteile bzw. Familienmitglieder, die kaum oder keine Möglichkeit haben, direkt in die Kita zu kommen, über die digitale Kommunikation einen Eindruck vom Kita-Leben.

Die Eingewöhnung erleichtern

Gerade in der Eingewöhnungszeit kann ein Einblick mithilfe von Fotos oder Videosequenzen für Eltern sehr hilfreich sein. Die Eingewöhnung ist für Eltern und Kind wohl gleichermaßen eine aufregende Zeit. Die Eltern machen sich Gedanken, ob sich das Kind wohlfühlt und ob es ihm gutgeht. Durch digitale Dokumentation können pädagogische Fachkräfte den Eltern zeigen, dass das Kind gut „angekommen" ist. Das beruhigt wiederum die Eltern, schafft Vertrauen und erleichtert die Eingewöhnungszeit für alle Beteiligten.

Der Dialog als Basis guter Zusammenarbeit

Digitale Medien helfen, leichter ins Gespräch zu kommen. Ein Beispiel dafür sind Entwicklungsgespräche. In diesen zielgerichteten Gesprächen werden gemeinsam die Entwicklung, Bildung und Erziehung des Kindes besprochen. Wenn Sie dabei den Eltern Fotos, Videos oder auch Sprachaufnahmen zeigen, haben sie eine gemeinsame Basis. Zudem erzeugt das Betrachten von (bewegten) Bildern oder auch das Anhören von Sprachaufnahmen eine erhöhte (emotionale) Aufmerksamkeit. So kann es durchaus gelingen, auch bei Eltern, die von sich aus eher weniger Gesprächsbereitschaft zeigen, das Interesse an der Bildungsbiografie des Kindes (weiter) zu wecken.

Digitale Medien bieten also nicht nur einen Gesprächsanlass, sondern bilden auch eine gute Gesprächsbasis, da die Beteiligten auf das Gleiche blicken oder dasselbe hören. Und das ist wiederum unter verschiedenen Gesichtspunkten förderlich:

Der gemeinsame Blick auf ein (bewegtes) Bild hilft dabei, die verschiedenen Perspektiven auf das Kind abzugleichen. Denn die pädagogische Fachkraft hat in der Regel ein etwas anderes Bild im Kopf als die Familienmitglieder, wenn sie über ein Kind spricht. Und so kommt es dann in Entwicklungsgesprächen durchaus zu widersprüchlichen Aussagen oder Missverständnissen. Wenn Eltern und Fachkraft jedoch gemeinsam ein Video vom Kind ansehen, dann können Sie direkt abgleichen, was sie sehen und wie sie das Kind in diesen Ausschnitten wahrnehmen.

Weiter gilt die Aussage: Ein Bild sagt mehr als tausend Worte. Das ist besonders dann zu berücksichtigen, wenn Worte eine Hürde im Austausch sind. Gerade bei Sprachbarrieren ist es hilfreich, die Aussagen durch die digitale Dokumentation visuell unterstützen zu können. Auf diese Weise fällt es dem Gegenüber leichter zu begreifen, was der andere sagen möchte.

Im Gespräch mit den Familien von mehrsprachig aufwachsenden Kindern bieten sich Sprachaufnahmen besonders an. Die Eltern können dann die Äußerungen ihres Kindes übersetzen. Und das hilft wiederum der pädagogischen Fachkraft, die Worte der Kinder besser einordnen zu können. Zudem lassen sich mögliche Missverständnisse klären oder neue Sprachanlässe herausfinden. Spricht ein Kind in seiner Erstsprache zum Beispiel immer wieder über Ampeln, weil es diese gerade besonders spannend findet, können Sie das Thema auf Deutsch vertiefen. Auf diese Weise gehen Sie in die Sprachbildung zu einem Thema, dass das Interesse des Kindes direkt aufgreift.

6.2 Partizipation an der digitalen Dokumentation

Die Teilhabe der Eltern an der Dokumentation kann auch noch weiter gehen, indem die pädagogischen Fachkräfte sie an der Entwicklungsdokumentation partizipieren lassen. Hier bieten sich vor allem Portfolioeinträge an. In einigen Einrichtungen ist es bereits Tradition, dass bestimmte Seiten, etwa die „Familienseite", von den Eltern gestaltet werden. Diese Beteiligung können Sie durch digitale Dokumentation einfach erweitern, indem die Familien unkompliziert Erlebnisse oder Entwicklungsschritte des Kindes aus ihrem Alltag festhalten. Das kann durch das Versenden einer Mail mit Anhang oder das Einstellen eines Portfolioeintrags auf einem gemeinsamen gesicherten Laufwerk geschehen. Daneben gibt es Kita-Apps, die eigene Elternzugänge anbieten. Auf diese Weise können die Familien das digitale Portfolio direkt ergänzen.

Es muss aber nicht unbedingt ein fertiger Portfolioeintrag sein. Auch ein Foto oder ein kurzes Video, wenn das Kind zum Beispiel daheim Laufrad oder Fahrradfahren gelernt hat, ergänzt die Entwicklungsdokumentation. Die familiäre Perspektive trägt dazu bei, der Individualität des Kindes noch gerechter werden zu können. Denn schließlich entwickelt sich ein Kind nicht nur in der Kita. Gleichzeitig haben Sie als Fachkraft neue Sprachanlässe. Sie erfahren, was das Kind bewegt, wenn es nicht in der Einrichtung ist, und können diese Eindrücke aufgreifen. Die Lebenswelt Familie und die Lebenswelt Kita rücken so ein Stück näher zusammen.

Beim Einbezug in die digitale Dokumentation ist eine Aufklärung der Eltern vorab ratsam. Besprechen Sie mit den Familien das Wesen der Entwicklungsdokumentation. Klären Sie, welche Aspekte Bestandteil eines Portfolios oder der freien Dokumentation sind. So können Sie sicherstellen, dass Sie nicht mit einer Flut an Fotos oder aus dem Zusammenhang gerissenen Videos überschüttet werden.

Und auch wenn die Eltern nicht aktiv an der Dokumentation beteiligt sind, ist es wichtig, dass sie die Arbeitsweise der Einrichtung nachvollziehen können. So kann falschen Erwartungshaltungen vorgebeugt werden. Erläutern Sie den Familien, welche Inhalte der Dokumentation von Ihrer Einrichtung geteilt werden und welche nicht. Klären Sie die Eltern darüber auf, nach welcher Systematik die Inhalte geteilt werden: Haben Sie vor, bei jedem Kind in gleichmäßigen Abständen Inhalte zu teilen? Teilen Sie Fotos oder Videos nur bei besonderen Anlässen? Werden Portfolios immer dann geteilt, wenn das Kind dies ausdrücklich wünscht?

Themen der Eltern	Aufgreifen durch pädagogische Fachkräfte
„Wir wollen jeden Tag ein Foto von unserem Kind, damit wir wissen, was es macht."	„Für uns ist es im Alltag herausfordernd, wenn wir von jedem Kind jeden Tag Fotos machen und verschicken müssten. Das würde viel Zeit in Anspruch nehmen. Daher fotografieren wir nur ausgewählte Momente, um mehr Zeit für die Kinder zu haben. Zudem möchten wir natürlich auch den Kindern ihre Privatsphäre gönnen. Es soll bei den Kindern nicht das Gefühl entstehen, dass ihr Handeln überwacht wird. Warum ist es Ihnen denn wichtig, dass Sie jeden Tag ein Bild erhalten?"

Themen der Eltern	Aufgreifen durch pädagogische Fachkräfte
„Seitdem wir die Bilder aus der Kita bekommen, gehört unsere anfängliche Unsicherheit komplett der Vergangenheit an."	„Das ist schön. Die Bilder, die wir Ihnen schicken, haben auch zum Ziel, dass Sie einen besseren Eindruck davon bekommen, was Ihr Kind bei uns in der Einrichtung macht und dass es sich wohlfühlt. Meinen Sie denn, dass dieses gute Gefühl auch bestehen bleibt, wenn wir zwar regelmäßig, aber ein wenig seltener Bilder an Sie senden?"
„Warum erhält die Familie von Mira viel mehr Videos als wir?"	„Es variiert immer wieder, wie viele Videos wir an wen teilen. Wir teilen immer dann gezielt, wenn besondere Situationen entstehen oder die Kinder neue Entwicklungsschritte machen. Zudem achten wir darauf, dass sich die Kinder auch fotografieren lassen wollen. Wir sprechen gemeinsam mit den Kindern ab, ob sie erlauben, dass wir die Fotos mit ihren Eltern teilen. Da gibt es auch schon einmal Phasen, in denen die Kinder das lieber nicht möchten. Das respektieren wir natürlich."
„Die Fotos der Woche schauen wir uns am Wochenende gemeinsam an; dann erleben wir die Situationen noch einmal. Das ist für Omar jedes Mal ein Highlight."	„Dass das gemeinsame Anschauen der Bilder für Omar ein Highlight ist, kann ich mir gut vorstellen. So kann er gemeinsam mit Ihnen seine Erlebnisse aus der Kita teilen. Was erzählt er Ihnen denn zu den Bildern, wenn Sie diese gemeinsam ansehen?"
„Ich habe gesehen, dass es für Mara schon lange keinen Portfolioeintrag mehr gab. Warum ist das so?"	„Die Portfolioeinträge werden gezielt bei besonderen Momenten und Entwicklungsschritten gemacht. Je nach Entwicklungsphase passiert mal mehr, mal weniger. Das variiert bei jedem Kind. Sicherlich wird es bei Mara auch wieder Phasen geben, in denen wir mehr Portfolioeinträge teilen. Zudem fragen wir die Kinder natürlich immer, ob sie auch wollen, dass wir die Einträge teilen. Fragen Sie doch Mara mal direkt, ob sie nicht Lust hat, gemeinsam mit Ihnen ihr Portfolio anzusehen."
„Ich habe auf dem Bild gesehen, dass Jaron beim Bilderbuch-Betrachten sehr aufmerksam war."	„Genau, das ist uns auch besonders aufgefallen. Darum wollten wir Ihnen gerne einen Eindruck davon geben, wie konzentriert und aufmerksam Jaron sich bei uns in der Einrichtung mit Bilderbüchern beschäftigt. Erleben Sie das zuhause auch so?"

Neben der Klärung, welche Informationen Sie in welcher Form teilen, ist es auch wichtig, die Eltern über das Wesen der Entwicklungsdokumentation bzw. der eingesetzten Verfahren und Methoden zu informieren. Denn eine Freigabe eines Portfolios oder das Teilen von

Situationen aus dem Kita-Alltag birgt die Gefahr, dass die Kinder später beim Austausch über die dargestellten Erlebnisse übergangen werden. Die angestrebte Transparenz darf nicht dazu führen, dass ein Kind, das von seinen Erlebnissen berichten oder sein Portfolio zeigen will, keine Aufmerksamkeit erhält, weil die Eltern bereits alle Einzelheiten aus der geteilten digitalen Dokumentation kennen. Ziel des Einbezugs der Familien ist stets, den Austausch zu fördern und nicht zu ersetzen – sei es zwischen Fachkraft und Eltern, aber auch zwischen Eltern und Kind. Daher ist auf diesen Aspekt bei der Einführung der geteilten digitalen Dokumentation ein besonderes Augenmerk zu legen.

> Hugo hat beim Spielen im Garten einen Käfer gefunden. Dieser Fang zieht das Interesse vieler Kinder auf sich. Alle sind ganz begeistert von Hugos tollem Käfer. Das macht ihn sehr stolz. Während Hugo seinen Käfer in einer Becherlupe genauestens studiert, denkt sich die Erzieherin, Frau Veltin: „Ach, da mach ich doch ein Foto und teile das mit den Eltern. Die freuen sich bestimmt auch, wenn sie sehen, wie stolz Hugo ist."
> Währenddessen freut Hugo sich schon darauf, heute abgeholt zu werden, da er seiner Mutter dann von seinem tollen Fund erzählen kann. Als Hugos Mutter zum Abholen kommt, fängt er direkt zu erzählen an: „Mama, weißt du ... Ich hab Käfer gefindet! Der war ..." „Ich weiß, Hugo, das habe ich schon gesehen. Frau Veltin hat mir ein Foto geschickt. So, jetzt zieh mal deine Schuhe an, wir müssen los!"
> Der abrupte Abbruch des Gesprächs macht Hugo traurig und schmälert die Freude über sein Erlebnis ungemein.
> (Qualität in Kitas Online-Akademie, 2019).

Dieses Beispiel verdeutlicht, was es bedeutet, bewusst mit dem Teilen von Inhalten umzugehen und die Eltern in diesen verantwortungsvollen Umgang mit einzubeziehen. Zudem sollten Sie sich immer wieder bewusst machen, dass das Recht des Kindes am eigenen Bild (siehe Kapitel 9.1) zu wahren ist. Das bedeutet, dass das Kind gefragt wird, ob Fotos, Videos oder Sprachaufnahmen mit den Eltern geteilt werden dürfen. Dadurch können Sie sicherstellen, dass Sie dem Kind nicht zu viel vorwegnehmen. Neben dem Recht am eigenen Bild kommt hier auch noch das Recht auf Privatsphäre hinzu. Damit ist gemeint, dass die Kinder mitentscheiden sollen, was geteilt wird und was sie lieber für sich behalten möchten. Selbstverständlich hängt diese Entscheidung auch vom Entwicklungsstand des Kindes ab.

Im Teilen von Situationen und Momenten aus dem Kita-Leben stecken generell große Chancen für alle Beteiligten. Die Partizipation der Familien hat auch Einfluss auf die Beziehung zwischen Fachkräften und Eltern. Wenn sich Familien an der Alltagsdokumentation, zum Beispiel im Rahmen von Blogs und Podcasts, beteiligen können, vermittelt dies die Wertschätzung der Elternperspektive. Mithilfe der gemeinsamen Dokumentation kann die Expertise jedes Akteurs in der Kita genutzt werden. Und grundsätzlich wirkt sich eine Beteiligung der Eltern – egal, ob aktiv oder durch einen guten Informationsfluss – positiv auf das

Kind und dessen Entwicklung aus. Wenn die Lebenswelt Kita und die Lebenswelt Familie Hand in Hand gehen, nimmt ein Kind das gemeinschaftliche Interesse wahr. Spürt das Kind, dass sich seine verschiedenen Bezugspersonen verstehen, gibt ihm dies Sicherheit und Vertrauen.

7. Reflexion im Team mithilfe der digitalen Dokumentation

In diesem Kapitel erfahren Sie

- inwiefern (digitale) Dokumentation die Grundlage von Teamreflexion bildet
- die Chancen von digitaler Dokumentation für den Austausch auf einer gemeinsamen Basis
- wie digitale Medien Struktur in der Teamreflexion bieten

Die digitale Dokumentation kann Prozesse und Arbeiten im Team erleichtern. So können zum Beispiel Arbeitsabläufe zeitsparender und alltagsintegriert erfolgen. Außerdem können Familien (siehe Kapitel 6) ebenso wie der Träger durch die digitale Dokumentation transparent und ohne zusätzlichen Aufwand einen Einblick in den Kita-Alltag erhalten. Eine große Chance steckt in der Nutzung der digitalen Dokumentation für die Reflexion im Team. Die Reflexion kann sich dabei auf Strukturen im Kita-Alltag, besondere Ereignisse oder auch die Entwicklung eines Kindes beziehen.

Teamreflexion bedeutet, sich über Beobachtungen und Wahrnehmungen möglichst neutral und wertfrei auszutauschen. Die Reflexion ist in der pädagogischen Arbeit eine wesentliche Aufgabe, um zu überprüfen, ob das pädagogische Handeln für die gegenwärtige Situation zielführend ist. Das kann ein Verhalten selbstverständlich nur dann sein, wenn es auch ein festgelegtes Ziel gibt. Darunter fallen zum Beispiel die gezielte Förderung eines Entwicklungsbereiches, das Aufgreifen von spezifischen Interessen oder die Verbesserung der Interaktionsqualität.

Um diese Ziele herauszuarbeiten, braucht es die Reflexion der Beobachtungen. Sie stellt die Grundlage des pädagogischen Handelns dar. Um sicherzustellen, dass man Ziele nicht aufgrund von verzerrter Wahrnehmung, aus vagen Erinnerungen oder einem Bauchgefühl heraus ableitet, ist die strukturierte Dokumentation essenziell. Auf dieser Basis findet anschließend die gemeinsame Reflexion statt.

7.1 Reflexion im Team zur Entwicklung eines Kindes

Hier werden im Team Entwicklungsthemen, die das Kind beschäftigen, besprochen. Ebenso kann eine Fallbesprechung Teil der gemeinsamen Reflexion sein, bei der mögliche Erklärungsansätze für das Verhalten des Kindes gesucht werden. Ziel ist es, den aktuellen

Entwicklungs- und Interessenstand des Kindes zu erfassen, um eine individuelle Förderung bzw. weitere pädagogische Handlungsschritte abzuleiten. Die (digitale) Dokumentation bildet hier die Grundlage der Gespräche.

„Ich komme bei Daria nicht mehr weiter. Sie wird immer regelrecht wütend, weil sie seit Tagen versucht, die Perlenschnur aufzufädeln und es ihr nicht gelingt. Aber egal, was ich versuche, sie blockt ab." – „Wahrscheinlich ist es für sie gerade wichtig, selbst etwas zu schaffen." – „Es könnte aber auch sein, dass sie will, dass du ihr das abnimmst?" – „Sicherlich hängt das damit zusammen, dass ihre Freunde das schon selbst können. Das ärgert sie bestimmt." – „Ich habe das auch schon mit Paco erlebt. Da hat es dann geholfen, dass ich ihm einfach andere Materialien gebracht habe."

So oder so ähnlich fangen häufig Fallbesprechungen in einem Team an. Eine Situation wird geschildert. Anschließend wird gemeinsam, mit Rückgriff auf Vorerfahrungen, nach Ursachen und Lösungen gesucht. Häufig sind dies sehr lange Gespräche. Digitale Dokumentation hilft hier, den Fokus nicht zu verlieren. So kann die Fachkraft eine Videoaufzeichnung von der Situation, die sie mit Daria immer wieder erlebt, im Team abspielen. Das führt dazu, dass keine individuellen Bilder der geschilderten Situation in den Köpfen der Teammitglieder entstehen, sondern alle die gleiche Ausgangsbasis haben. Das Team kann sich an der sichtbaren Situation entlanghangeln. Zudem ermöglicht die Videoaufnahme, konkret auf Einzelheiten zu achten. Auf diese Weise können plötzlich Erkenntnisse zutage kommen, die bei einer bloßen Erzählung nie entdeckt worden wären.

„Schaut mal, Daria guckt beim Fädeln nie auf die Nadel oder die Perlen. Ist dir das im Geschehen auch schon aufgefallen? Kurz bevor sie anfängt zu fädeln, schaut sie nach links in die Ecke." – „Und sie verzerrt auch ein wenig das Gesicht. Ich habe fast das Gefühl, dass sie ihre Augen schließt." – „Ja genau, diesen Gesichtsausdruck hat sie immer in dem Moment, bevor sie dann richtig wütend wird."

Diese neu gewonnenen Beobachtungen können wiederum dazu führen, Schlüsse für den pädagogischen Alltag abzuleiten. In Darias Fall könnte ein Handlungsschritt sein, herauszufinden, warum sie von der Nadel wegsieht. Möglicherweise hat sie Angst, sich beim Fädeln wehzutun, da ihr das schon einmal mit einem anderen spitzen Gegenstand passiert ist.

Ebenso können Sprachaufnahmen eine gewinnbringende Ergänzung bei der Reflexion im Team sein. Gerade die Sprachentwicklung wird in den meisten Kitas mittels systematischer Verfahren, wie BaSiK, sismik oder seldak dokumentiert. Diese Verfahren bieten ein Raster für die beobachtende Fachkraft. Dennoch sind die Einschätzungen der Fachkraft stets subjektiv. Sprachaufzeichnungen können eine hilfreiche Ergänzung sein, um die Sprachentwicklung tatsächlich hörbar nachvollziehbar zu dokumentieren (siehe Kapitel 2.2). So können Sie, wenn Sie bei einer Einschätzung unsicher sind, eine Sprachaufnahme des Kindes mit ins Team bringen, um sie gemeinsam anzuhören und Ihre Meinung abzugleichen.

Sprach- und Videoaufnahmen ermöglichen auch, den subjektiven Blick der schriftlichen Dokumentation zu erweitern. Dies ist in jedem Fall ein Zugewinn an Qualität, da sich die Perspektiven erweitern und neutrale Gesprächsgrundlagen im Team geschaffen werden.

Die Teamreflexion dient neben dem Austausch über Entwicklungsthemen eines Kindes auch dazu, das eigene pädagogische Handeln zu reflektieren. Durch die gemeinsame Auseinandersetzung mit Prozessen im Alltag kann eine gute pädagogische Qualität gesichert werden. In jedem Fall beeinflussen die aus der Reflexion resultierenden Aktivitäten und Strukturen das zukünftige pädagogische Handeln. Sie können als pädagogische Fachkraft neue Wege finden, um mit dem Kind in Interaktion zu treten. Ebenso können zielgerichtete Impulse, unter anderem durch spezielle Materialien oder eine entsprechend vorbereitete Umgebung, gegeben werden. Diese möglicherweise neuen Strukturen und veränderten Interaktionsprozesse zwischen Fachkräften und Kindern sowie Kindern und anderen Beteiligten fließen dann wieder in neue Beobachtungen, Dokumentationen und Reflexionsprozesse ein. Und auch hier bieten sich Video- und Sprachaufzeichnungen in einem besonderen Maße an, da man Veränderungen im (Sprach-)Verhalten der Kinder im direkten Vergleich sieht.

7.2 Teamreflexion des dokumentierten Kita-Alltags

Neben der Betrachtung der Entwicklungsdokumentation kann die Dokumentation des Kita-Alltags eine Ausgangsbasis für die Teamreflexion sein. Gewöhnliche Situationen lassen sich differenziert betrachten und Routinen infrage stellen. Impulse dazu gibt die **Perspektive der Kinder** in den Alltagsdokumentationen.

In Tagebüchern oder Projektdokumentationen lässt sich erkennen, welche Orte besonders häufig zu sehen und welche eher außen vor sind. Gemeinsam darüber nachzudenken, warum dies so ist, kann Anlässe für Veränderung schaffen. Dokumentierte Werke der Kinder zeigen, mit welchen Themen sie sich beschäftigen und welche gemeinsamen Interessen sie haben. Diese können im pädagogischen Alltag aufgegriffen und zum Beispiel durch neue Impulse oder Materialien bereichert werden.

Wenn Kinder Alltagssituationen dokumentieren, sind ihre Perspektive, ihr Fokus auf den Alltag und ihr Interesse daran per se berücksichtigt. Die Kinder können entsprechende Situationen in der Rolle als Fotograf*in (siehe Kapitel 5.1) selbst aufnehmen und anschließend kann gemeinsam überlegt werden, was wie und vom wem verändert werden soll.

Micha meint beim gemeinsamen Betrachten seines Fotos auf dem Tablet: „Ich hab da unsere Höhle draußen fotografiert, weil wir fänden es gut, wenn da was davor wäre und wir drinnen nicht mehr gesehen werden können." Lisa und Mareike stimmen ihm gleich zu: "Ja, da können gerade alle reinschauen." Die Fachkraft Anette ist dankbar für die Rückmeldung der Kinder: „Das ist mir noch gar nicht aufgefallen, da gebe ich euch Recht. Wie wollt ihr das machen?" Mareike hat sich schon etwas überlegt: „Wir könnten vom großen Strauch ein paar Zweige abschneiden und davorlegen. Den Strauch hab ich fotografiert, schaut mal, den meine ich."

Bei der Reflexion des Kita-Alltags im Team spielt auch der **Zeitpunkt der Dokumentationen** eine Rolle. So dient die Reflexion aktueller Dokumentationen dazu, direkte Schlüsse für den pädagogischen Alltag zu ziehen. Ebenso ist es sinnvoll, länger zurückliegenden Aufzeichnungen oder Aufnahmen zu reflektieren, da man manche Dinge erst mit einem gewissen Abstand wahrnehmen kann.

Ein weiterer Aspekt in der Teamreflexion ist die Möglichkeit des **Vergleichs der Dokumentation.** Dabei findet einerseits der Vergleich der unterschiedlichen Perspektiven auf ein und dieselbe Situation statt. Das hilft dabei, mögliche blinde Flecken aufzudecken, die eine reine subjektive Sicht natürlich mit sich bringt. Daneben ist es andererseits hilfreich, verschiedene Dokumentationen im Team zu vergleichen. Solch eine gemeinsame Reflexion macht Entwicklungsverläufe sowie prozessuale Weiterentwicklung sichtbar und damit auch den Erfolg einer partizipativen pädagogischen Arbeit.

Damit aus den Reflexionsergebnissen zukünftige Aktionen, veränderte Aktivitäten oder strukturelle Verbesserungen resultieren, ist die Beteiligung von Kindern und Familien ein entscheidender Erfolgsfaktor. Gemeinsam können Projekte gestartet werden, die dann wieder dokumentiert und anschließend reflektiert werden.

7.3 Vorbereitung und Durchführung der Teamreflexion

Die Reflexion im Team sollte gemeinsam abgestimmt und der Prozess allen Beteiligten klar sein. Für ein gutes Gelingen können folgende Punkte vor und während der Teamreflexion berücksichtigt werden:

Strukturierung, Moderation und Dokumentation der Reflexion

- Welche digitalen Medien können helfen, um das Reflexionsthema für alle Beteiligten greifbar zu machen?
- Welche Fragestellung hat die Person, die das Thema einbringt?
- Wie und durch wen werden die Ergebnisse der Reflexion dokumentiert?

Reflexionsbasis klären

- Haben alle die gleiche Ausgangslage? Können alle diese Basis mithilfe des entsprechenden Dokumentationsmaterials nachvollziehen?
- Welche Bedeutung hat der Begriff „…“ bislang?
- Was genau verstehen wir ab sofort unter „…“?

Missverständnisse vermeiden

- Miteinander reden; gemeinsame Einschätzungen reduzieren Fehler und ermöglichen, Dinge zu entdecken, die bisher nicht wahrgenommen wurden
- Nicht werten, sondern die Wahrnehmungen aufgrund des Audio- oder Videomaterials beschreiben
- Rückfragen sind erwünscht (Fragen erhöhen das Verständnis); hierbei hilft es, sich die Aufzeichnungen mit der konkreten Fragestellung im Kopf nochmals anzusehen/anzuhören

Auf Stärken fokussieren und Impulse geben

- Wie können wir ein Verständnis dafür schaffen, was gut gemacht wird und wo Stärken liegen?
- Welches Feedback können wir den Kindern geben? („Schau mal, auf dem Foto sitzt du auf dem Fahrrad. Das hast du solange ausprobiert, bis es geklappt hat. Kannst du dich daran erinnern, wie sich das angefühlt hat?")
- Wie können wir Feedback bzw. einen Dialog dazu zwischen den Kindern anregen? („Da hat Max gerade das Radfahren gelernt. Was sagst du zu dem Bild? Was wäre, wenn das Fahrrad fliegen könnte?")

Vorschläge zu Aktivitäten machen

- Wie beschreiben und notieren wir angemessene Lernziele für jedes Kind? Kann eine digitale Form helfen, dem Kind die Ziele zu visualisieren?
- Mit welchen Aktivitäten lassen sich die Lernziele erreichen?
- Welche strukturellen Änderungen könnten sich auf welche Weise positiv auswirken?

Zielüberprüfung der pädagogischen Ableitung

- Wie können wir den Erfolg unseres pädagogischen Handelns nachvollziehen?
- Welche Dokumentationsform eignet sich, um das Ergebnis unseres Handelns festzuhalten?
- Mit wem können wir überprüfen, ob sich Veränderungen positiv auswirken?

8.

Einführung der digitalen Dokumentation

In diesem Kapitel erfahren Sie

- wie die digitale Dokumentation in der Einrichtung implementiert wird
- welche Überlegungen und Schritte bei der Einführung notwendig sind
- wie der zeitliche Ablauf der Implementierung aussehen kann
- wie Träger, Team und Familien an der Einführung beteiligt werden können

Um eine pädagogisch hochwertige Dokumentation mit digitalen Medien in der Einrichtung einzuführen, sind eine genaue Planung sowie umfassende, reflexive und kollegiale Vorarbeit nötig. Nachfolgend finden Sie Anregungen und Unterstützungsideen, die sich in der Praxis bewährt haben.

8.1 Zeitleiste

Zur Orientierung, wie ein solcher Prozess ablaufen kann, dient die folgende Zeitleiste. Sie zeigt auf, welche Schritte nacheinander angegangen werden und an welchem Punkt gegebenenfalls Reflexionsschleifen sinnvoll sind.

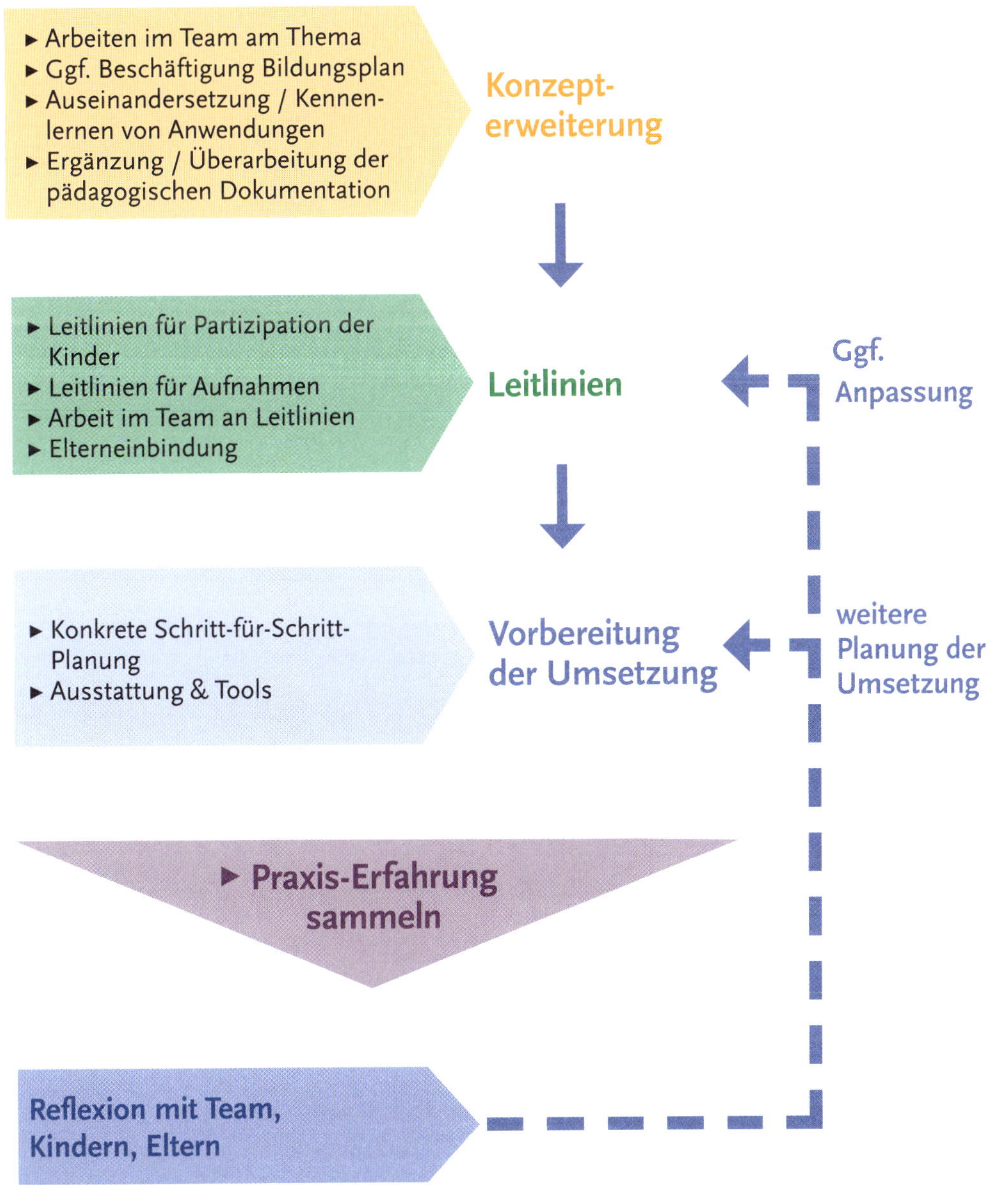
► Arbeiten im Team am Thema
► Ggf. Beschäftigung Bildungsplan
► Auseinandersetzung / Kennenlernen von Anwendungen
► Ergänzung / Überarbeitung der pädagogischen Dokumentation
Konzepterweiterung
► Leitlinien für Partizipation der Kinder
► Leitlinien für Aufnahmen
► Arbeit im Team an Leitlinien
► Elterneinbindung
Leitlinien
Ggf. Anpassung
► Konkrete Schritt-für-Schritt-Planung
► Ausstattung & Tools
Vorbereitung der Umsetzung
weitere Planung der Umsetzung
► Praxis-Erfahrung sammeln
Reflexion mit Team, Kindern, Eltern

8.2 Konzeptionserweiterung

Die Einbindung in die Konzeption der Einrichtung ist die Grundlage für eine zielführende (digitale) Dokumentation. Die Art, wie pädagogische Einrichtungen dokumentieren, ist vielfältig. Diese Vielfalt begründet sich in den unterschiedlichen pädagogischen Ansätzen, aber auch in den verschiedenen Vorgaben, die sich in den Bildungs- und Orientierungsplänen der Länder widerspiegeln. Die Einführung der digitalen Dokumentation bietet die Möglichkeit, die bestehende Dokumentationspraxis auf den Prüfstand zu stellen und gegebenenfalls weiterzuentwickeln. Die Erarbeitungen und Veränderungen fließen dann wieder in die pädagogische Konzeption ein.

Die Arbeit an der Konzeption ist Teamarbeit. Wird das gesamte Team auf diesem Weg mitgenommen, ist es möglich, Neuerungen und Veränderungen nachhaltig zu etablieren. Analysieren Sie gemeinsam im Team Ihre bestehende Dokumentationspraxis anhand folgender Leitfragen (Lepold & Lill 2017):

- Wie sieht unser bisheriges Beobachtungs- und Dokumentationskonzept aus?
- Welche Ziele verfolgen wir damit?
- Welche Rolle spielt die Partizipation der Kinder in unserer Konzeption?
- Auf welche Weise findet die Alltagsdokumentation in unserer Kita statt?
- Wie haben wir Beobachtung und Dokumentation im Rahmen der Bildungs- und Erziehungspartnerschaft verankert?
- Sind in der Konzeption Kompetenzbereiche, wie zum Beispiel Sprachkompetenz oder Selbstwirksamkeitserfahrung, aufgeführt?

In einem nächsten Schritt wird dann die Verbindung zur digitalen Dokumentation hergestellt. Folgende Fragen können Anregung für den Austausch im Team bieten:

- Wie stellen wir uns die digitale Dokumentation in unserer Einrichtung vor? Soll die gesamte Dokumentation mit digitalen Tools erfolgen oder werden nur Teile der Beobachtungs- und Dokumentationspraxis umgestellt?
- Wie knüpft die digitale Dokumentation an die bestehenden Beobachtungs- und Dokumentationsverfahren an oder was wird gegebenenfalls dadurch ersetzt?
- Wie können die Kinder über die digitalen Anwendungen an der Dokumentation partizipieren? Ist der Partizipationsbereich bereits entsprechend in der Konzeption verankert?
- Welche Einbindung der Eltern bzw. der Familien stellen wir uns vor? Wie kann diese Zusammenarbeit mit den bestehenden Ansätzen zur Bildungs- und Erziehungspartnerschaft kombiniert werden?

Die Überarbeitung der pädagogischen Konzeption darf ruhig eine gewisse Zeit in Anspruch nehmen. Es schafft ein qualitativ besseres Ergebnis, wenn das Team die möglichen Änderungen erst einmal auf sich wirken lässt und sie dann zu einem späteren Termin nochmals bespricht. Oft ergeben sich dann wieder neue Verbindungen oder Anpassungsideen, die sonst nicht berücksichtigt worden wären.

Die endgültig überarbeitete Konzeption muss dem Träger zur Genehmigung vorgelegt werden. Grundsätzlich sollte die pädagogische Konzeption einer Einrichtung alle zwei Jahre auf ihre Aktualität hin überprüft werden. Bei konzeptionellen Veränderungen darf das gerne auch in kürzeren Abständen geschehen. Im Rahmen der Einführung der digitalen Dokumentation kann es sinnvoll sein, nach einem halben und dann wieder einem ganzen Jahr zu überprüfen, ob die Änderungen in der Konzeption noch stimmig sind. Gleichzeitig ist dies ein guter Anlass, um die gemeinsam gesteckten Ziele nochmals ins Gedächtnis zu rufen. So kann überprüft werden, ob die notwendigen Umsetzungsschritte erfolgt sind oder es möglicherweise noch Anpassungsbedarf gibt.

Pädagogische Rahmenbedingungen

Einen zentralen Punkt bei der Einführung der digitalen Dokumentation in der Einrichtung stellt die Klärung der pädagogischen Anforderungen und Rahmenbedingungen dar. Gemeinsam mit dem Team wird die Leitung besprechen, welche Rahmenbedingungen und Standards grundsätzlich und für die einzelnen Schritte festzulegen sind. Die folgenden Fragestellungen stellen einen Impuls für die Auseinandersetzung mit der konzeptionellen Einbindung digitaler Dokumentation dar:

Fachspezifisches und theoretisches Wissen: Wie werden die Dokumentationsverfahren – ob analog oder digital – korrekt angewendet? In welcher Form findet die Dokumentation des Alltags statt? Wie geht es bislang nach der Dokumentation mit den Ergebnissen weiter? Welche Chancen bestehen im Einsatz der digitalen Varianten der Dokumentation? Wie lässt sich ein angemessener (alltagsintegrierter) Einsatz digitalisierter Verfahren umsetzen? Welche Rechte von Kindern, Fachkräften und Familien sind dabei zu berücksichtigen?

Digitale Dokumentation: Was setzen wir bereits um? Welche Themen sind im Rahmen der digitalen Umsetzung neu bzw. erforderlich? Wie nehmen wir das gesamte Team, die Familien und die Kinder mit?

Alltagsintegration: Welche Ideen gibt es dazu bereits im Team, von Kindern und Familien? Was ist im Alltag eher einfach, was schwieriger zu realisieren? Wie sehen die ersten Schritte der Integration in den Kita-Alltag aus?

Dokumentieren Sie die Ergebnisse dieser Gespräche im Team. Sie helfen Ihnen bei der Konkretisierung des Vorgehens und bieten die Basis für die Erweiterung der pädagogischen Dokumentation. Bei solchen Veränderungsprozessen ist es wichtig, die Absprachen und Entscheidungen für das Team transparent zu machen.

Interne Richtlinien

Für eine erfolgreiche Umsetzung der digitalen Dokumentation sollten klare interne Richtlinien zu bestimmten Themen formuliert werden. Anders als Leitlinien (siehe Kapitel 8.3) sind diese Regelungen für die Mitarbeiter*innen verpflichtend. Solche Richtlinien dienen der Vorbeugung von unerwünschter Nutzung und machen für alle unmissverständlich klar, welche Grenzen gelten.

Hier einige Anregungen für mögliche interne Richtlinien:

- Auf privaten Endgeräten dürfen keine Dateien und Informationen von und zu Kindern gespeichert werden.
- In folgenden Situationen ist das Fotografieren und Aufzeichnen von Videos untersagt:
  - Wickelsituationen
  - Toilettengänge der Kinder
  - Unbekleidete Kinder, zum Beispiel beim Umziehen
- Es gibt allgemeine Vorgaben, mit welchen Anwendungen gearbeitet wird.
- Geräte der Einrichtung dürfen nicht mit nach Hause genommen werden.

Bei der Entwicklung von der analogen Dokumentation hin zur digitalen Dokumentation ist es hilfreich, sich am Anfang nicht gleich das komplette Paket aufzubürden. Gehen Sie in kleinen, wohlportionierten Schritten vor, wird die Umsetzung sehr viel nachhaltiger sein. Lassen Sie dem Team Zeit, sich nach und nach den Themen zu nähern und Sicherheit zu gewinnen. Dies wird sich an der Qualität der Dokumentation bemerkbar machen.

8.3 Leitlinienentwicklung

Um allen Fachkräften, aber auch den an der digitalen Dokumentation beteiligten Kindern und Familien Sicherheit zu geben, sollte es einheitliche Leitlinien geben. An diesen können alle Beteiligten ihr Handeln und ihr Verhalten ausrichten. Leitlinien schaffen Orientierung und geben der digitalen Dokumentation einen Rahmen vor.

Neben allgemeingültigen Richtlinien (siehe Kapitel 8.2), die von allen Einrichtungen übernommen werden können, müssen die Leitlinien für die digitale Dokumentation von jeder Einrichtung individuell entwickelt werden. Leitlinien sind auch nicht starr und für immer festgeschrieben. Sie brauchen in Abständen immer wieder eine Überprüfung, um deren Intention und weitere Gültigkeit zu besprechen und sie gegebenenfalls anzupassen.

Schon im Prozess der Entwicklung der Leitlinien geschieht etwas ganz Wichtiges: Das Team verständigt sich über zentrale Fragen im Umgang mit der digitalen Dokumentation. So entwickeln alle Teammitglieder eine Sensibilität für bestimmte Themenbereiche.

Der Einstieg in die digitale Dokumentation führt automatisch dazu, dass sich das Team mit verschiedenen Leitlinien zu seiner Dokumentationspraxis auseinandersetzt. Dabei gibt es unterschiedliche Aspekte zu berücksichtigen:

Leitlinien für Aufnahmen

Hier ist zu klären, wann und zu welchem Zweck Sie Fotos, Videos oder Sprachaufnahmen machen möchten. Der direkte Zugriff auf die digitalen Medien verlockt dazu, viel zu viele Aufnahmen im Alltagsgeschehen anzufertigen. Daher ist es sinnvoll, Folgendes zu berücksichtigen:

- Aufnahmen werden zielgerichtet erstellt.
- Ein Foto, Video oder eine Sprachaufnahme muss einen Kontextbezug haben.
- Fotoserien haben nicht unbedingt mehr Aussagekraft als ein zielgerichtetes Bild.

Zudem sollten Sie sich im Team darüber abstimmen, welchen Raum die digitale Dokumentation in Ihrem pädagogischen Alltag einnehmen soll. Dazu gehört zu klären, was Sie zu welchem Zweck dokumentieren möchten: Fokussieren Sie auf die digitale Entwicklungsdokumentation? Findet diese ausschließlich alltagsintegriert im Geschehen oder auch in den Bürozeiten statt? Wie viele Videos werden in welchem Zeitraum pro Kind gemacht? Gibt es eine minimale und eine maximale Anzahl an Portfolioeinträgen für einen bestimmten Zeitraum?

Wenn Sie auch Aspekte des Kita-Lebens dokumentieren, dann stehen vor allem folgende Fragen im Vordergrund: Wer sind die Adressaten der Dokumentation? Wie können wir die Dokumentationsergebnisse am besten präsentieren? Wie können die Kinder und Familien an der digitalen Dokumentation partizipieren?

Daran schließt sich der Punkt „Weiterarbeit mit der digitalen Dokumentation“ an. Neben der Präsentation der Ergebnisse gilt es, Leitlinien für die gemeinsame Reflexion im Team, mit den Kindern und den Eltern festzulegen: Wie können die verschiedenen Akteure Einblick erhalten? Welche Auswirkung haben die Dokumentationsergebnisse auf weitere Handlungen? Wie gestaltet sich die Zielformulierung für weitere Schritte oder neue Impulse?

Leitlinien für die Partizipation der Kinder

Die Partizipation an der digitalen Dokumentation wird sich in Krippe, Kindergarten und Hort unterscheiden, so wie sich auch der Verständnisrahmen der Kinder in diesen Altersspannen deutlich voneinander unterscheidet. Die aktive, eigenständige digitale Dokumentation wird den Kindern mit wachsendem Verständnis möglich werden. Die pädagogische Fachkraft kann mehr und mehr Verantwortung an das Kind übergeben und eine begleitende, unterstützende Funktion einnehmen.

Wenn Sie die Kinder an der digitalen Dokumentation partizipieren lassen möchten, empfiehlt es sich, sich vorab mit folgenden Fragen auseinanderzusetzen:

- Wie stellen wir uns die Einbindung der Kinder in die aktive digitale Dokumentation vor?
- Welche Freiheiten soll es für die Kinder bei der digitalen Dokumentation geben – und warum?
- Von wem geht die Dokumentation aus? Werden die Kinder angeregt, zu partizipieren? Können Kinder selbstständig die Dokumentation starten?

Wenn die Kinder auch selbstständig Foto-, Video- und Sprachaufnahmen machen sollen, ist es sinnvoll, gemeinsam mit ihnen Leitlinien dazu zu entwickeln.

Anregungen zu Foto-Regeln für die Kinder

- Wenn andere Personen (Kinder oder Erwachsene) mit auf das Foto sollen (oder zufällig gekommen sind), frage ich, ob das in Ordnung ist. Die anderen Kinder dürfen auch dagegen sein.
- Wenn ein anderes Kind fotografieren will, kann es mich fragen.
- Ich knipse nicht pausenlos Fotos und lege das Gerät nach der Benutzung wieder sicher zur Seite.
- Falls ein anderes Kind gegen eine Fotoregel verstößt, spreche ich mit ihm und unterstütze es.
- Wenn ich mir unsicher bin, frage ich nochmal nach.
- Ich gehe vorsichtig mit dem Tablet/der Kamera um. Wenn ich fertig bin, räume ich das Gerät wieder auf.
- Falls ich eine Idee für eine neue Foto-Regel habe, spreche ich mit den anderen darüber.

Je älter die Kinder sind, desto stärker sollten sie auch in die Reflexion dieser Leitlinien mit einbezogen werden. Dadurch kommen sie frühzeitig in die eigene Verantwortung – die Kinder werden entsprechend ihres Entwicklungsstandes mehr und mehr selbstverantwortlich für ihr Handeln.

Leitlinien für die Partizipation der Familien

Leitlinien bieten nicht nur Orientierung, sondern helfen auch dabei, Erwartungshaltungen zu klären. Kennen die Familien die Rahmenbedingungen für die digitale Dokumentation in der Einrichtung ihres Kindes, so entstehen wesentlich weniger Missverständnisse. Zum einen sollten die Familien erfahren, was in welcher Form durch die pädagogischen Fachkräfte und die Kinder dokumentiert wird. Zum anderen ist es für die Familien wichtig zu wissen, wie sie an was teilhaben und bei welchen Aspekten sie sich aktiv beteiligen können. Partizipieren die Eltern konkret an der Entwicklungsdokumentation, gilt es Folgendes im Detail zu klären:

- Wie funktioniert die eingesetzte Dokumentationsform?
- Was ist das Ziel dieser Form?
- Wie wird die Dokumentation aussagekräftig?
- In welcher Häufigkeit ist die Dokumentation zielführend?

Für die Eltern machen Leitlinien sicherlich auch in Form einer Checkliste Sinn, damit sie sich aktuell orientieren können, wenn sie sich aktiv beteiligen.

8.4 Schritt-für-Schritt-Vorgehen planen

Die Einführung digitaler Dokumentation in den Alltag der Kita ist ein großes Projekt und bedeutet Veränderungen für alle Beteiligten – für die pädagogischen Fachkräfte genauso wie für die Kinder und ihre Familien. Dem Veränderungsprozess muss in der Schritt-für-Schritt-Planung Raum und Zeit eingeräumt werden. Um sich dem Gesamtziel – der Dokumentation mit digitalen Anwendungen – zu nähren, ist es hilfreich, Teilziele für die Einrichtung oder auch einzelne Gruppen zu setzen. Ein gut gestalteter Einführungsprozess ist ein wesentlicher Erfolgsfaktor für die spätere Umsetzung. Achten Sie darauf, dass auch die Erreichung von Teilzielen gewürdigt wird; so bleibt die Motivation beim Team für die nächsten Schritte erhalten.

Sehen Sie in Ihrem Schritt-für-Schritt-Vorgehen auch Zeitfenster für Fortbildungen der pädagogischen Fachkräfte sowie Reflexionsphasen vor. Schaffen Sie auch Zeitfenster für praktisches Ausprobieren.

Folgende Themenblöcke und Fragestellungen haben sich für die Planung des Schritt-für-Schritt-Vorgehens als hilfreich erwiesen:

Veränderungen aktiv gestalten

Veränderungen gelingen dann, wenn alle Beteiligten abgeholt und mitgenommen werden. Je nach Vorerfahrung der Einzelnen und den Einstellungen zum Thema braucht es mehr oder weniger Fokus auf die Gestaltung des Veränderungsprozesses (siehe auch Kapitel 8.7).
Die Beschäftigung mit folgenden Fragen kann Klarheit für Ihre Planung bringen:

- Wann kamen Team, Kinder und Eltern bislang mit Veränderungen gut zurecht?
- Wie können wir alle Beteiligten davon überzeugen, dass das Team und damit die Kinder und Eltern von digitaler Entwicklungsdokumentation profitieren?
- Was können wir tun, damit sich nicht nur alle mitgenommen fühlen, sondern auch tatsächlich mitgenommen sind?

Zeitliche Rahmenbedingungen

Aufgabe der Leitung ist es, bereits im Vorfeld zu überlegen, wie ein realistischer Plan für die Einführung und Umsetzung der digitalen Dokumentation aussehen kann. Für das Team müssen Zeiten geschaffen werden, in denen es sich zum einen mit dem überarbeiteten Ansatz der Dokumentation und zum anderen mit den digitalen Anwendungen beschäftigen kann. Eine Frage des Teams kann auch lauten, wie es die veränderten Anforderungen im Alltag unterbringen kann. Besprechen Sie gemeinsam, wie zum Beispiel die Partizipation der Kinder gelingen kann und wie Sie die Kinder an die Thematik heranführen möchten.

Strukturelle Rahmenbedingungen

Strukturelle Rahmenbedingungen für die digitale Dokumentation müssen geschaffen und dann im laufenden Kita-Betrieb aufrechterhalten werden. Hierzu sollten Sie sich bereits im Vorfeld gerade in Bezug auf die technische Sicherheit und Funktionalität Gedanken machen:

- Wie sieht unsere technische Infrastruktur aus? Kann damit die digitale Dokumentation realisiert werden?
- Sind Hardware und Software auf dem aktuellen Stand? Stehen mobile Geräte wie Tablets für alltagintegrierte Dokumentation zur Verfügung?
- Wer kümmert sich um die Technik-Wartung?
- Funktioniert die Technik einwandfrei? Wo müssen wir nachsteuern? Was können wir selbst tun? Wo benötigen wir Unterstützung?
- Wer nimmt Rückmeldungen der Familien zu technisch-organisatorischen Themen auf und bringt diese ein?

Anwendungen und Tools

Ein wichtiger Schritt bei der Einführung digitaler Dokumentation ist die Beschäftigung mit den unterschiedlichen digitalen Anwendungen, die zur Verfügung stehen. Für viele kostenpflichtige Anwendungen gibt es für einen gewissen Zeitraum Testversionen. Nutzen Sie dieses Angebot, um zu prüfen, ob die Anwendung zu den Anforderungen Ihrer Einrichtung passt. Dafür ist es wichtig, dass Sie sich bereits im Vorfeld darüber verständigt haben. Nehmen Sie sich Zeit, die Anwendungen auszuprobieren. Wenn Sie verschiedene Anwendungen im Auge haben, kann es sinnvoll sein, jeweils Kleingruppen eine Anwendung testen zu lassen und sich dann im Gesamtteam über die Eindrücke und Erfahrungen auszutauschen.

Folgende Fragestellungen können bei der Auseinandersetzung mit Anwendungen und Tools hilfreich sein:

- Was bietet uns die Anwendung?
- Wie gefällt mir die grafische Umsetzung?
- Ist die Software (intuitiv) verständlich?

- Welche Informationen werden benötigt?
- Was lässt sich mit der Software umsetzen? Was davon soll vor Ort nutzbar sein?
- Welche Möglichkeiten bietet die Software für den Einsatz im pädagogischen Alltag?
- Ist ein situativer Umgang mit der zur Anwendung der Software empfohlenen Technik möglich?

Reflexion der digitalen Erweiterung

Planen Sie von Anfang an Reflexionsphase für den Einführungsprozess ein. Bewährt hat es sich, bereits nach vier bis sechs Wochen eine erste kurze Reflexion im Team durchzuführen, um bei auftretenden Problemen frühzeitig intervenieren zu können. Nicht alles kann im Vorfeld bedacht und berücksichtigt werden. Manches ergibt sich erst im praktischen Tun.

Mögliche Fragen für die Reflexion im Team

- Wie lassen sich die Ideen umsetzen?
- Wie geht es mir als Fachkraft damit?
- Wie reagieren die Kinder, Eltern und andere Beteiligte darauf?
- An welchen Stellen muss nachgesteuert werden? Welche Ideen gibt es dazu?
- Was funktionierte schon nach kurzer Zeit? Was ist eher mühsam?
- Welche Funktionen sollte die Software noch bieten bzw. welche zusätzliche Anwendung benötigen wir noch?

Im Laufe der Einführung sollten auch Reflexionsrunden mit den Kindern und den Familien geplant werden, um deren Rückmeldungen in den Prozess einfließen zu lassen.

8.5 (Ergänzung der) Ausstattung

Je nachdem, welche technische Ausstattung bereits vorhanden ist, kann diese für die Umsetzung der digitalen Entwicklungsdokumentation ergänzt werden. Aus ökonomisch-ökologischer Perspektive sollte die in den Einrichtungen verfügbare Technik für möglichst viele Bedürfnisse und Interessen von Fachkräften und Kindern nutzbar sein. Einige Funktionalitäten erleichtern die Anwendbarkeit oder sind für bestimmte Zwecke, zum Beispiel für die dialogische alltagsintegrierte Entwicklungsdokumentation, besonders gut geeignet.
Eine planvolle Ergänzung der Ausstattung kann mit folgenden Fragen beginnen:

- Welche digitalen Medien haben wir bereits in der Einrichtung?
- Ist die Leistung der Geräte für unser Vorhaben ausreichend?

- Sind die Betriebssysteme der Geräte für den Einsatz der gewünschten Software auf dem aktuellen Stand?
- Was haben wir mit den digitalen Medien im Rahmen der Entwicklungsdokumentation und darüber hinaus vor?
  - Wie und wo wollen wir Tablets alltagsintegriert einsetzen?
  - Sollen neben den Portfolios weitere Dokumente farbig ausgedruckt werden?
  - Für welche Anwendungen benötigen wir zukünftig kabellose Internetverbindung?
  - Reicht die aktuelle Breitbandinternetanbindung dafür aus?
- Wo bekomme ich Unterstützung?
  - Gibt es vor Ort einen Dienstleister, der uns beraten kann?
  - Haben wir in der Elternschaft eine versierte Familie, die uns mit Rat und Tat zur Seite stehen kann?
  - Kennen wir eine andere Einrichtung, die bereits mit digitalen Medien arbeitet und uns mit ihren Erfahrungen weiterhelfen kann?

Daraus lassen sich dann die Antworten auf die folgende Frage ableiten: **Welche digitalen Medien bzw. welches Zubehör für die digitale Dokumentation und welche technischen Rahmenbedingungen benötigen wir?**

Hardware

- Internet-Breitbandanbindung mit hoher Download- und vor allem Upload-Rate für das Speichern von Beobachtungsdaten auf sicheren Servern
- Aktuelle Router bzw. Access-Points für stabiles WLAN bzw. LTE/5G in den für die alltagsintegrierte Dokumentation vorgesehenen Räumen und Außenbereichen
- PC bzw. Laptop mit ausreichender Leistung
- Tablet(s) speziell für die alltagsintegrierte und dialogische Dokumentation
- (WLAN-)Farbdrucker zum Ausdruck von bunten Portfolioseiten
- Beamer bzw. interaktives Whiteboard zum gemeinsamen Betrachten der Dokumentation

Software & Apps

- Aktuelle Betriebssysteme iOS, Windows, Android, damit die Software zur digitalen Dokumentation gut funktioniert
- Office-Software wie Microsoft oder Open Office für Windows und Mac, Pages etc. zur freien Dokumentation
- Aktuelle Browser wie Google Chrome, Firefox oder Microsoft Edge, damit online-basierte Anwendungen gut funktionieren
- Aktuelle Schutzsoftware bzw. Apps wie Virenscanner oder Firewalls

Zubehör

- Lautsprecherboxen bzw. Kopfhörer zum (ungestörten) Ansehen und/oder Anhören von Video- und Tonaufzeichnungen
- Externes Mikrofon für Video- oder Tonaufnahmen
- Stativ für Aufzeichnungen
- HDMI oder USB-Kabel bzw. Adapter zum Beispiel für einen Anschluss des Tablets an den Beamer oder Drucker, falls das über WLAN nicht möglich ist

Die Antworten auf die Fragen zur Ausstattung helfen dabei, genauer abschätzen zu können, welche Kosten auf die Einrichtung zukommen. Grundsätzlich sollten bei Neuanschaffungen zwei zentrale Aspekte bedacht werden:

- Software für die Entwicklungsdokumentation wird zukünftig aus Sicherheits- und Performanzgründen – ähnlich wie bei Office-Produkten oder E-Mail-Services – als Online-Anwendung entwickelt werden. Ein Beispiel hierfür ist KITALINO.
- Im Sinne der alltagsintegrierten Medienbildung (Lepold & Ullmann 2019) sollte mitbedacht werden, inwieweit die Technik und Software dafür ebenfalls geeignet sind.

8.6 Information der Familien

Die Familien müssen im Zuge der Einführung von digitaler Dokumentation in der Einrichtung gezielt informiert werden. Gerade wenn sie an der digitalen Dokumentation partizipieren sollen, beeinflusst dies die gewohnten Prozesse der Familien. Wichtig ist dabei eine klare und offene Kommunikation, um Unsicherheiten und Bedenken, gerade in Bezug auf den Datenschutz (siehe Kapitel 9), zu klären. Zu diesen Fragen sollten Sie entsprechende Elterninformationen entwickeln. Die Einverständniserklärungen der Erziehungsberechtigten zu Foto-, Video- und Sprachaufnahmen ihrer Kinder zum Zweck der pädagogischen Dokumentation können Sie direkt im Betreuungsvertrag verankern.

Eine Informationsveranstaltung zu Beginn hilft, die Familien in Kenntnis zu setzen, dass nun die digitale Dokumentation eingeführt wird. Je klarer dabei erläutert wird, wie und zu welchem Zweck die digitale Dokumentation stattfindet, desto weniger Unsicherheiten werden bei den Familien entstehen. Auf folgende Punkte sollten Sie sich vorbereiten:

- Wie sind die Überlegungen zustande gekommen, digitale Dokumentation einzuführen?
- Welcher Bildungsauftrag des Landes steckt dahinter und wie sehen die gesetzlichen Bestimmungen dazu aus?
- Wie gewährleistet die Kita den Datenschutz bei der digitalen Dokumentation?
- Welche Partizipationsmöglichkeiten erhalten die Kinder im Rahmen der digitalen Dokumentation?
- Welche neuen Perspektiven können die Familien durch die digitale Dokumentation gewinnen?

- Welche Dokumentationsinhalte wollen die Fachkräfte mit den Familien teilen – und mit welchem Ziel?
- Wie können Familien die geteilte Dokumentation mit den Kindern aufgreifen?
- Wie können die Familien an der digitalen Dokumentation beteiligt werden?

Ist die digitale Dokumentation einmal eingeführt und sind die Prozesse eingespielt, kann eine weitere Elternveranstaltung sinnvoll sein. Dabei können Sie mittels Ihrer multimedialen Dokumentation Einblick in den Kita-Alltag bieten. Da die neuen Prozesse am Beispiel selbst aufgezeigt werden, erschließt sich schnell der Nutzen der digitalen Dokumentation. Sie kommt auf diese Weise in ihrer Repräsentations- und Kommunikationsfunktion direkt zum Tragen. Es wirkt unterstützend und vertrauenserweckend, wenn die Familien ganz praktisch erleben, wie die digitale Dokumentation in der Einrichtung ihres Kindes abläuft. Ebenso helfen diese Einblicke den Familien, sich zu öffnen und selbst an der digitalen Dokumentation mitzuwirken.

Das aktive Erleben der Abläufe und Zielsetzungen digitaler Dokumentation schafft Transparenz und Vertrauen. Lassen Sie die Eltern selbst bei der Veranstaltung digitale Aufnahmen in der Kita machen, diese beschreiben und später gemeinsam reflektieren: „Ich hab mal die Kinderbücher aufgenommen, ihr habt ja eine tolle Auswahl!" Geben Sie die Regel vor, dass Personen nur dann abgelichtet werden dürfen, wenn sie damit einverstanden sind. Dafür sollten bereits im Vorfeld der Veranstaltung die entsprechenden Einverständnisse von Eltern und pädagogischen Fachkräften vorliegen. Ganz nebenbei können Fragen der Familien geklärt, Ideen ausgetauscht und Wünsche aufgenommen werden. So ist eine aktive Mitwirkung von Beginn an gegeben.

8.7 Arbeit mit dem Team

Einen wesentlichen Part bei der Einführung digitaler Dokumentation spielt die Arbeit mit dem Team. Aus Leitungsperspektive sollte der Veränderungsprozess gut durchdacht und im Blick behalten werden. In der tagtäglichen Arbeit wird von den pädagogischen Fachkräften ein hohes Maß an Flexibilität erwartet. Gleichermaßen besteht bei den Mitarbeitenden das Bedürfnis nach Kontinuität und Beständigkeit. Die Einführung von digitaler Dokumentation bedeutet für das Team Veränderung. Auf der Leitungsebene gilt es, sich mit dieser Thematik zu beschäftigen und das Team durch diesen Veränderungsprozess zu begleiten. Denn ohne ein Team, das die Veränderung mitträgt und begeistert umsetzt, wird der Prozess mühsam und wenig effektiv.

Veränderungsmodell für die gesamte Einrichtung (Heller & Lepold 2009)

Verschiedene Modelle beschreiben die Veränderungsprozesse in Organisationen beschreiben (vgl. Lewin 1947; Streich 1997; Schmidt-Tanger 1998). Basierend auf dem 8-Phasen-Modell nach Kotter wurde das folgende Phasenmodell mit den jeweiligen Aufgaben für die Organisation und die Betroffenen entwickelt (vgl. Lepold & Heller 2009, S. 50). Die Grafik wurde auf Kindertageseinrichtungen angepasst, sodass im nachfolgenden Schaubild ein guter Überblick über die Aufgaben, aber auch die Erwartungen verschafft wird (Lepold & Ullmann 2019):

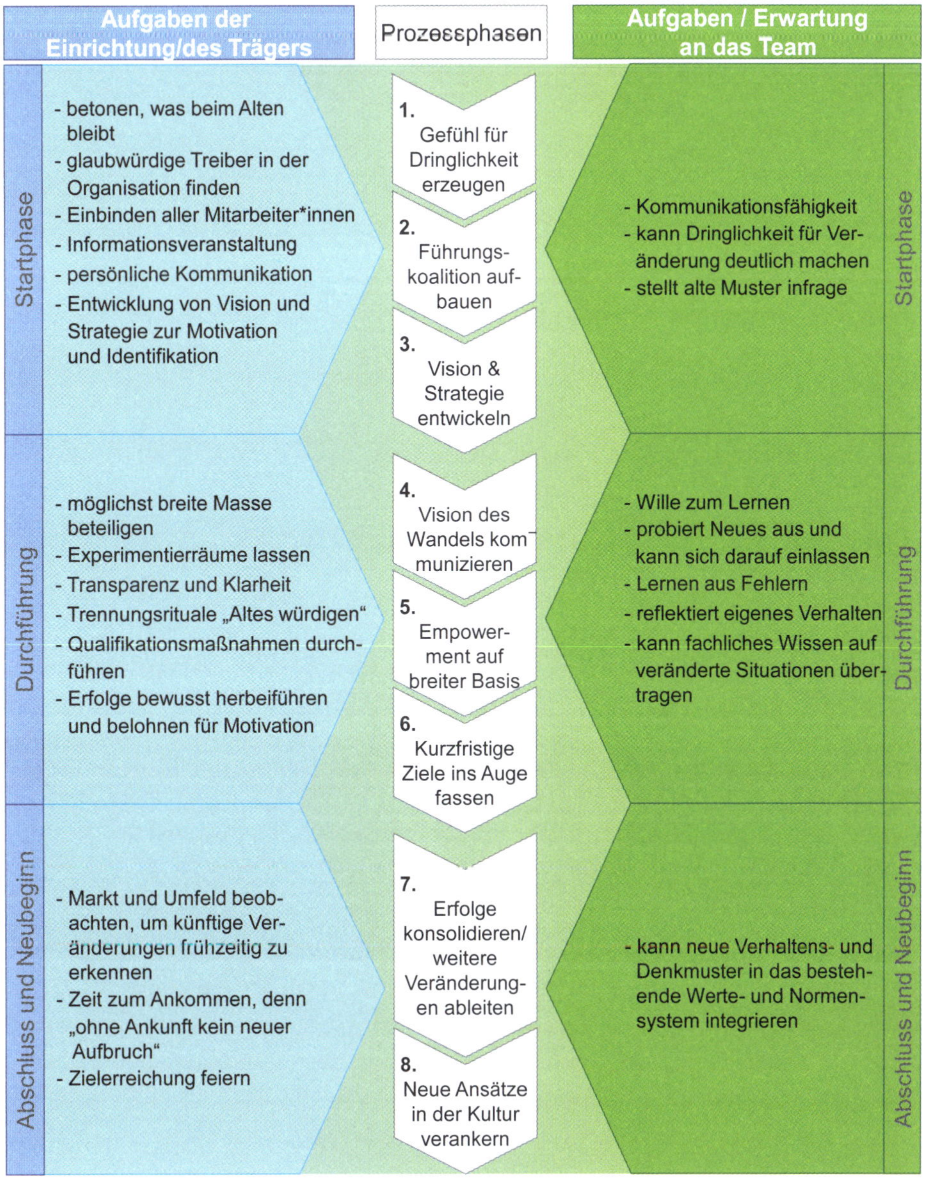

In Anlehnung an M.Lepold & J.Heller (2009)

Gefühl für Dringlichkeit erzeugen

Im ersten Schritt geht es darum, den Beteiligten zu vermitteln, warum eine Veränderung, also hier die Einführung von digitaler Dokumentation, notwendig ist. Das Team soll genau verstehen, warum sie sich in der Einrichtung mit der digitalen Dokumentation beschäftigen wollen. Eine Herausforderung besteht an dieser Stelle für die Leitung darin, dass sie die Mitarbeitenden aus ihrer Komfortzone locken muss.

Führungskoalition aufbauen

Als Leitung sollten Sie versuchen, eine kleine Gruppe aus Fachkräften zu bilden, die großes Interesse an dem Thema digitale Dokumentation haben. Aufgabe der Gruppe ist es, die Idee voranzutreiben und den Rest des Teams für die Veränderung zu begeistern. Wichtig ist es, von Anfang alle zu beteiligen, die digitale Dokumentation befürworten – wenn möglich auf den verschiedensten Hierarchieebenen sowie den unterschiedlichen Funktionsebenen.

Vision & Strategie entwickeln

In einem nächsten Schritt geht es darum zu entdecken, was genau mit der digitalen Dokumentation erreicht werden soll. Entwickeln Sie in der kleinen Gruppe die Vision, die mit der Einführung der digitalen Dokumentation in der Kita verbunden wird.

Vision des Wandels kommunizieren

Nun heißt es: kommunizieren, kommunizieren, kommunizieren! Es gilt, die Vision in die Einrichtung zu tragen. Alle Mitarbeiter*innen sollen verstehen, was die gemeinsame Vision beinhaltet und welche neuen Möglichkeiten und Chancen sich durch die Einführung der digitalen Dokumentation für alle (pädagogische Fachkräfte, Kinder und Familien) ergeben.

Empowerment auf breiter Basis

Ist man an diesem Punkt des Veränderungsprozesses angelangt, ist es Aufgabe der Leitung und des Trägers, alle Hindernisse auf dem Weg zur neuen Vision zu beseitigen. Hierzu zählen auch so vermeintlich banale Dinge wie die Unterstützung bei der Beschaffung der Ausstattung oder die Schulung des Teams. Es geht darum, die Veränderungsbereitschaft und -fähigkeit der Mitarbeitenden zu erhöhen.

Kurzfristige Ziele ins Auge fassen

Es wirkt sich unglaublich positiv aus, wenn das Team kleine Erfolge feiern kann. Kurzfristige und kleinschrittige Ziele haben sich hier bewährt. Diese kleinen Erfolge führen zu einer positiven Einstellung der Mitarbeitenden gegenüber der Einführung der digitalen Dokumentation.

Erfolge konsolidieren und weitere Veränderungen ableiten

Es ist ratsam, die erfolgreiche Einführung der digitalen Dokumentation nicht zu früh zu verkünden. Kleine Erfolge sollten als solche gefeiert werden, sie sind Meilensteine auf dem Weg zur Umsetzung. Eine voreilige und frühzeitige Kommunikation der finalen Umsetzung kann jedoch dazu führen, dass der Veränderungsprozess stoppt und die bewahrenden Kräfte wieder erwachen. Es ist normal, dass es mehrere Monate bis Jahre dauern kann, bis die digitale Dokumentation fest im Kita-Alltag verankert ist.

Neue Ansätze in der Kultur verankern

Abschließend gilt es, die digitale Dokumentation fest in der Kultur der Einrichtung zu verankern. Die neuen Ansätze sollen Teil der pädagogischen Konzeption werden. Genauso gilt es, Überlegungen anzustellen, wie neue Mitarbeiter*innen, die in die Einrichtung kommen, an das Thema herangeführt werden.

9. Verantwortungsvoller Umgang mit der digitalen Dokumentation

In diesem Kapitel erfahren Sie

- wer weitergehende Auskunft zu Datenschutzfragen erteilt
- wie das Recht am eigenen Bild gegenüber Kindern und Eltern gewährleistet werden kann
- wie ein Regel-Katalog für Verbindlichkeit und Klarheit sorgen kann

Last but not least muss in Kitas ein bewusster und verantwortungsvoller Umgang mit der digitalen Dokumentation auf Basis der gesetzlichen Regelungen gewährleistet sein. Grundsätzlich sind die Datenschutzbeauftragten bzw. die Rechtsabteilungen der Träger in dieses Fragen für die Teams die wichtigsten Ansprechpartner. Auf den Webseiten der für den Datenschutz in der Kindertagesbetreuung zuständigen Landesministerien und -institute, Landesjugendämter und Landesdatenschutzbeauftragten stehen allgemeine und teilweise auch auf digitale Dokumentation bezogene Informationen, Hinweise und Materialien zur Verfügung (Holand et al. 2019, S. 65ff.). Neben den länder- und trägerspezifischen Regelungen in Bezug auf den Datenschutz in Kitas gibt es noch weitere Aspekte, die es hinsichtlich eines verantwortungsvollen Umgangs mit digitaler Dokumentation zu beachten gilt:

9.1 Das Recht am eigenen Bild

Digitale Beobachtung und Dokumentation eröffnen Teams vielfältige Möglichkeiten, Strukturen und Prozesse genauer zu betrachten. Dabei müssen die Rechte von Kindern und Eltern berücksichtigt und individuelle Lösungen für den pädagogischen Alltag entwickelt werden.

Bei Foto-, Video- oder Tonaufnahmen (vgl. Abbildung) handelt es sich um personenbezogene Daten bzw. Sozialdaten, die nach § 65 SGB VIII mit einem besonderen Vertrauensschutz mit entsprechend hohen Anforderungen insbesondere an deren digitale Verarbeitung einhergehen. Gleichzeitig dienen die Aufnahmen nach § 22 SGB VIII der Erfüllung des Auftrags von Bildung, Betreuung und Erziehung von Kindern in der Kindertagesbetreuung, zum Beispiel zur gemeinsamen Reflexion der Beobachtungen im Team (vgl. Kapitel 7).

Foto-, Ton- und Videoaufnahmen als Grundlage gesetzlicher Kita-Aufgaben	
Bildung der Kinder	Stärkung der Kinder in ihrer ► Medienkompetenz (kreative Medienarbeit, bei der Kinder selber Medien machen, Umgang mit Recht am eigenen Bild) ► lernmethodische Kompetenz (Bildung-, Projektdokumentation als Basis für Gespräche mit Kindern über ihre Lernprozesse)
Individuelle Bildungs- und Entwicklungsdokumentation	Aufnahmegestützte Lerngeschichten, Portfolio als Grundlage für ► individuelle Bildungs- und Lernbegleitung der Kinder ► Fallbesprechungen im Team
Bildungspartnerschaft mit Eltern	Bildungs-, Projekt- und Entwicklungsdokumentation ► alltagsnahe Einblicke in das Kita-Leben für Eltern ► Erleichterung der Eingewöhnungsphase des Kindes für Eltern ► Grundlage für Entwicklungsgespräche mit Eltern
Qualitätsentwicklung der Kita im Team	Videogestützte Methoden für ► Professionalisierung und Coaching des Personals ► kollegiale Beratung und externe Interaktionsberatung

Quelle: Holand et al. 2019, S. 52

Das Wissen zum sensiblen Umgang mit (digitalen) Daten wird Fachkräften im Rahmen von Schulungen vermittelt, um Eltern und Kindern verantwortungsvoll Auskünfte zu diesem Thema geben zu können und im pädagogischen Alltag handlungsfähig zu sein. Im Sinne des Rechts auf informationelle Selbstbestimmung entscheiden Kinder und Eltern über die Anfertigung und Veröffentlichung von Aufnahmen, wenn sie darauf identifizierbar abgebildet sind. Nach § 22 Satz 1 des Kunsturhebergesetzes dürfen Bildnisse nur mit Einwilligung des Abgebildeten verbreitet werden.

Kindertageseinrichtungen sind dazu verpflichtet, transparent zu machen, welche personenbezogenen Daten zu welchen Zwecken verarbeitet und veröffentlicht werden. Das wird im Normalfall verständlich in Einwilligungserklärungen für Erziehungsberechtigte formuliert, die sich jederzeit für oder gegen die Verarbeitungszwecke aussprechen können. Damit die Kinder entscheiden können, müssen sie erst einmal Bescheid wissen, dass sie das und wie sie es tun können. Teams sollten sich daher Gedanken machen, wie die Kinder darüber informiert werden, um von ihren Rechten aktiv Gebrauch machen zu können. Der einfachste Weg ist, klar zu benennen, warum Aufnahmen angefertigt, gespeichert und gegebenenfalls veröffentlicht werden. Kinder lernen so aktiv den Prozess der Datenverarbeitung kennen und können sich eine Entscheidungsgrundlage bilden.

Bei der digitalen Dokumentation ist das Fotografieren alltäglicher Lernprozesse ein wichtiger Bestandteil. Aufnahmen im Rahmen des Dokumentierens werden im Kita-Alltag eher nebenbei gemacht. Denn: Für die Kinder sollten das keine Situationen sein, in denen sie sich besonders verhalten müssen. Dafür ist es unerlässlich, den Kindern vorab zu erklären und sich mit ihnen darüber abzustimmen, warum und wie fotografiert wird und inwieweit das einzelne Kind darauf Einfluss nehmen kann. Neben dieser Transparenz führt das gemeinsame Erleben zu einem vertrauensvollen Miteinander. Im Anschluss an das Fotografieren können Fachkräfte mit dem Kind zum Beispiel eine von drei Aufnahmen auswählen und die anderen beiden löschen. Das Kind kann auch, ohne es begründen zu müssen, entscheiden, alle Fotos zu löschen. Die Aufgabe der Fachkraft besteht nicht darin, die Entscheidung des Kindes zur Verwendung des eigenen Bildes zu beeinflussen, sodass daraus schlussendlich das gewünschte Ergebnis resultiert. Vielmehr führt ein Dialog über die Dokumentation, zum Beispiel durch die Benennung abgebildeter positiver Situationen, kindlicher Werke, gemeinsamer Erlebnisse, von Lernerfolgen etc., zu gegenseitigem Vertrauen und Verständnis als Grundlagen für Entscheidungen.

Die Pädagogin Christine setzt sich mit dem Tablet zu Freddy und zeigt ihm ein Foto: „Schau mal, da bist du richtig glücklich. Du lachst." Freddy sieht sich das Bild an und erwidert: „Ja, da hab ich mein Lieblingsauto ganz unten in der Kiste gefunden, das hab ich schon lange gesucht." Christine beschreibt: „Das Auto ist schön gelb." Freddy bestätigt: „Ja, das ist ja auch ein Postauto; so eines fährt meine Mama auch, wenn sie den Leuten die Pakete bringt."
Christine überlässt Freddy die Entscheidung und benennt gleichzeitig Möglichkeiten zur Nutzung des Fotos: „Willst du das Bild speichern, um es später den anderen Kindern zu zeigen oder deiner Mama davon zu erzählen, wie glücklich du warst, als du das Postauto gefunden hast?" Freddy meint: „Nein, das will ich löschen, da ist das so klein drauf. Ich möchte lieber selbst ein Foto davon machen und es dann Mama aufs Smartphone schicken." Christine akzeptiert die Entscheidung und macht ein weiteres Angebot: „Ja gerne, dann sagst du mir nachher noch, was ich deiner Mamma dazu schreiben soll, einverstanden?" Auch hier entscheidet Freddy: „Nein, das erzähle ich ihr dann heute, wenn sie mich abholt." Christine verstärkt diesen Wunsch: „Das ist eine gute Idee. Hier hast du das Tablet, damit kannst du gleich ein neues Foto vom Postauto aufnehmen."

9.2 Verbindlichkeit über Klarheit schaffen

Die Erstellung und regelmäßige Aktualisierung eines Regel-Katalogs können hilfreich sein, um die gesetzlichen Vorgaben zur digitalen Beobachtung und Dokumentation verantwortungsvoll umzusetzen. Ein Regel-Katalog verschafft pädagogischen Fachkräften und nicht zuletzt Kindern und Familien Klarheit über die Möglichkeiten und Grenzen digitaler Dokumentation und kann helfen, Erwartungen zu klären.

Ein beispielhafter Kita-Regel-Katalog zum verantwortungsvollen Umgang mit digitaler Dokumentation

- Zur Datenverarbeitung und damit auch zur Entwicklungsdokumentation werden nur auf vom Träger zur Verfügung gestellten Geräte (z.B. Tablet, Laptop, PC) und Software genutzt (keine privaten Smartphones, USB-Sticks, Messenger-, Social-Media-Accounts etc.).
- Nur berechtigte Personen haben Zugang zu Hard- und Software.
- Die Sicherheitsmechanismen, zum Beispiel Geräte-Firewall, Virenscanner, Software-Updates, werden regelmäßig überprüft und aktualisiert.
- Die verwendeten Geräte sind mit Passwort und/oder PIN geschützt; die Codes werden regelmäßig geändert und auf keinen Fall notiert.
- Nutzernamen und Passwort zu Online-Anwendungen werden bei jedem Login neu eingegeben (z.B. nicht im Browser speichern).
- Auf die manuelle oder automatische Abmeldung nach Nutzung der Software wird geachtet.
- Dem Träger liegen (freiwillige) Einverständnisse von Erziehungsberechtigten/Eltern zur Verarbeitung personenbezogener Daten vor. Daneben ist auch das Einverständnis der Kinder erforderlich, zum Beispiel, wer mit wem zu welchem Zeitpunkt den eigenen Portfolio-Ordner ansehen darf.
- Daten werden grundsätzlich nicht mit Dritten geteilt. Für Verstöße gegen den Datenschutz und das Recht am eigenen Bild haften auch die Eltern. Der Betreuungsvertrag sollte eine Verpflichtung beinhalten, dass überlassene Texte, Termine, Fotos, Videos oder Tonaufzeichnungen aus der Kita nur zu internen Zwecken verwendet und grundsätzlich nicht ohne Einwilligung der Betroffenen an Dritte weitergegeben oder im Internet veröffentlicht werden dürfen.
- Auch Veröffentlichungen von Aufnahmen von Kindern über Aushänge oder digitale Bilderrahmen in der Kita dürfen von Dritten nicht eingesehen werden.

- Es wird streng darauf geachtet, dass die Nicht-Einwilligungen bei der Verarbeitung von Daten beachtet werden.
- Es wird regelmäßig überprüft, welche Daten noch benötigt werden. Nicht mehr benötigte Daten werden umgehend gelöscht.
- Träger, Leitung und Team verständigen sich darüber, wie Daten verarbeitet (gespeichert, gesichert, gelöscht) werden.
- Es werden Verantwortliche im Team benannt, die für die Pflege der Daten zuständig sind.
- Der Träger stellt seinen Beschäftigten geschäftliche E-Mail-Adressen zur Verfügung.

Literatur

Bensel, J. & Haug-Schnabel, G. (2013): Kinder beobachten und ihre Entwicklung dokumentieren. kindergarten heute wissen kompakt/spezial. Freiburg: Herder.

Bensel, J.; Haug-Schnabel, G. & Kobelt Neuhaus, D. (2014): Qualität der Zusammenarbeit mit Eltern. Ein Leitfaden für den frühpädagogischen Bereich. Bensheim: Karl Kübel Stiftung für Kind und Familie. Verfügbar unter: www.vodafone-stiftung.de/wp-content/uploads/2019/06/Publikation_Leitfaden-Elternarbeit-in-Kitas.pdf (Zugriff am 27.03.2021).

Betz, T. (2015): Das Ideal der Bildungs- und Erziehungspartnerschaft. Kritische Fragen an eine verstärkte Zusammenarbeit zwischen Kindertageseinrichtungen, Grundschulen und Familien. Verfügbar unter: www.bertelsmann-stiftung.de/fileadmin/files/BSt/Publikationen/GrauePublikationen/Studie_WB__Bildungs-_und_Erziehungspartnerschaft_2015.pdf (Zugriff am 12.03.2021).

Debatin, G. (2019): Partizipation in der Kita. Berlin: Cornelsen.

Holand, G.; Reichert-Garschhammer, E. & Lorenz, S. (2019): KitaApps. Apps und Softwarelösungen für mittelbare pädagogische Aufgaben in der Kita. Expertise Nr.1. Staatsinsitut für Frühpädagogik München (IFP). URL: https://ifp.bayern.de/imperia/md/content/stmas/ifp/kitaapps_ifp-expertise_1_12-2019_final.pdf (Zugriff am 30.03.2021).

Jugendministerkonferenz/Kultusministerkonferenz (2004): Gemeinsamer Rahmender Länder für die frühe Bildung in Kindertagesstätten (Beschluss der Jugendministerkonferenz vom 13./14.05.2004 / Beschluss der Kultusministerkonferenz vom 03./04.06.2004). Verfügbar unter: www.kmk.org/fileadmin/veroeffentlichungen_beschluesse/2004/2004_06_04-Fruehe-Bildung-Kitas.pdf (Zugriff am 02.05.2021).

Kammermeyer, G.; King, S.; Goebel, P.; Lämmerhirt, A.; Leber, A.; Metz, A.; Papillion-Piller, A. & Roux, S. (2017): Mit Kindern im Gespräch. Augsburg: Auer.

Kazemi-Veisari, E. (2015): Kinder verstehen lernen. Wie Beobachten zu Achtung führt. Seelze: Kallmeyer in Verbindung mit Klett.

Knauf, H. (2017): Bildungsdokumentation ins Zentrum rücken – eine Leitungsaufgabe. KiTa aktuell NRW 6/2017, 142–144.

Knauf, H. (2019): Bildungsdokumentation in Kindertageseinrichtungen. Prozessorientierte Verfahren der Dokumentation von Bildung und Entwicklung. Wiesbaden: Springer VS.

Knauf, T. (2017): Reggio-Pädagogik. Verfügbar unter: www.kita-fachtexte.de/fileadmin/Redaktion/Publikationen/KiTaFT_Knauf_2017_Reggio-Paedadogik_01.pdf (Zugriff am 03.04.2021).

Lepold, M. (2019): Wie hast du das geschafft? Interaktion im Portfolio. klein & groß 06/2019, 7–10.

Lepold, M. & Heller, J. (2009): Veränderungskompetenz. Definition, Maßnahmen und Methoden. Saarbrücken: VDM.

Lepold, M. & Lill, T. (2017): Dialogisches Portfolio. Alltagsintegrierte Entwicklungsdokumentation. Freiburg: Herder.

Lepold, M. & Ullmann, M. (2019): Digitale Medien in der Kita. Alltagsintegrierte Medienbildung. Freiburg: Herder.

Lewin, K. (1947): Resolving Social Conflicts. New York: Harper.

Lill, T. (2019a): Beobachtung und Dokumentation von Förder- und Erziehungsprozessen: Die eigene Perspektive entwickeln. In: M. Ledig, G. Merget, C. Püttmann, U. Uhlendorff & H. Weyhe (Hrsg.): Erziehen als Profession. Lernfelder 1–3. Braunschweig: Westermann.

Lill, T. (2019b): Beobachtungs- und Dokumentationsverfahren zur Erfassung von Entwicklungs- und Bildungsprozessen in der Kita. In: M. Ledig, G. Merget, C. Püttmann, U. Uhlendorff & H. Weyhe (Hrsg.): Erziehen als Profession. Lernfelder 4–6. Braunschweig: Westermann.

Lill, T.(2019c): Digitale Dokumentation: Einfach nur ein Trend oder nachhaltige Veränderung der Entwicklungsdokumentation? ELEMENTARpädagogik im Fokus 01/2019, S.36–39.

Lill, T. (2019d): Mein ich-Buch auf dem Tablet? klein & groß 06/2019, S.16–19.

Maywald, J. (2020): Kinderrechte und Partizipation. In: J. Roos & S. Roux: Das große Handbuch Frühe Bildung in der Kita. Wissenschaftliche Erkenntnisse für die Praxis. Hürth: Wolters Kluwer Deutschland.

Nentwig-Gesemann, I.; Walther, B.; Bakels E. & Munk, L.-M. (2019): Achtung Kinderperspektiven! Mit Kindern KiTa-Qualität entwickeln. Verfügbar unter: www.bertelsmann-stiftung.de/fileadmin/files/BSt/Publikationen/GrauePublikationen/Broschuere_Kinderperspektiven_2019.pdf (Zugriff am 02.05.2021).

Reichert-Garschhammer, E. (2012): Gelingende BayBEP-Umsetzung in Kitas: Schlüssel Projektarbeit. Ein Positionspapier. URL: www.ifp.bayern.de/imperia/md/content/stmas/ifp/ko-kita/gelingendebaybep-umsetzung_projektarbeitinkitas_positionspapier_stand_05-07-2012.pdf (Zugriff am 02.05.2021).

Reichert-Garschhammer, E. et al. (2020): Nutzung digitaler Medien für die pädagogische Arbeit in der Kindertagesbetreuung. Expertise des IFP im Auftrag des BMFSFJ. Berlin: BMFSFJ. URL: www.fruehe-chancen.de/fileadmin/PDF/Fruehe_Chancen/Endfassung_Kurzexpertise_IFP_Digitalisierung_Kindertagesbetreuung.pdf (Zugriff am 02.05.2021).

Roboom, S. (2019): Medienwerkstatt für Kita und Schulkindbetreuung. Freiburg: Herder.

Roche J.; Haberzettl, S.; Pagonis, G.; Jessen, M. & Weidinger, N. (2019): Serious Games in der Sprachstandsermittlung. In: Roche, J. (Hrsg.): Propädeutikum wissenschaftliches Arbeiten. Tübingen: Narr. URL: www.sprachstandsermittlung.daf.uni-muenchen.de/_assets/publikationen/roche-et-al_2019_teil-2.pdf (Zugriff am 02.05.2021).

Schmidt-Tanger, M. (1998): Veränderungscoaching. Kompetent verändern. NLP im Changemanagement, im Einzel- und Teamcoaching. Paderborn: Junfermann.

Stamer-Brandt, P. (2018): Projektarbeit in der Kita. Freiburg: Herder.

Streich, R.K. (1997): Veränderungsprozeßmanagement. In: M. Reiß, L. von Rosenstiel & A. Lanz: Change Management. Programme, Projekte und Prozesse. Stuttgart: Schäffer-Poeschel, S. 237–254.

Viernickel, S. (Hrsg.) (2009): Beobachtung und Erziehungspartnerschaft. Offensive Bildung. Berlin: Cornelsen.

Viernickel, S. & Völkel, P. (2017): Beobachten und Dokumentieren im pädagogischen Alltag. Freiburg: Herder.